Ce Livre Appartient à:

TEST DE COULEUR

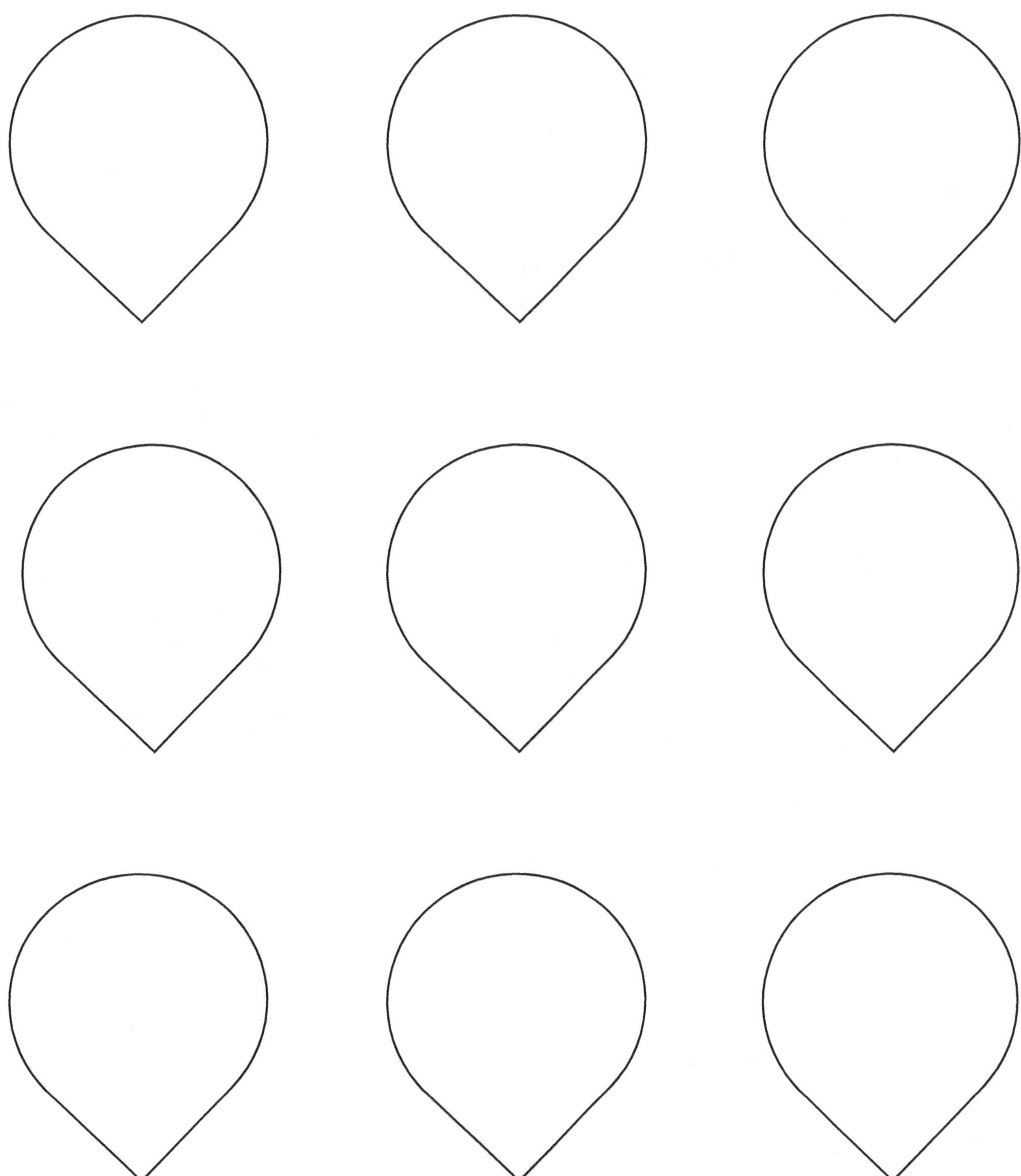

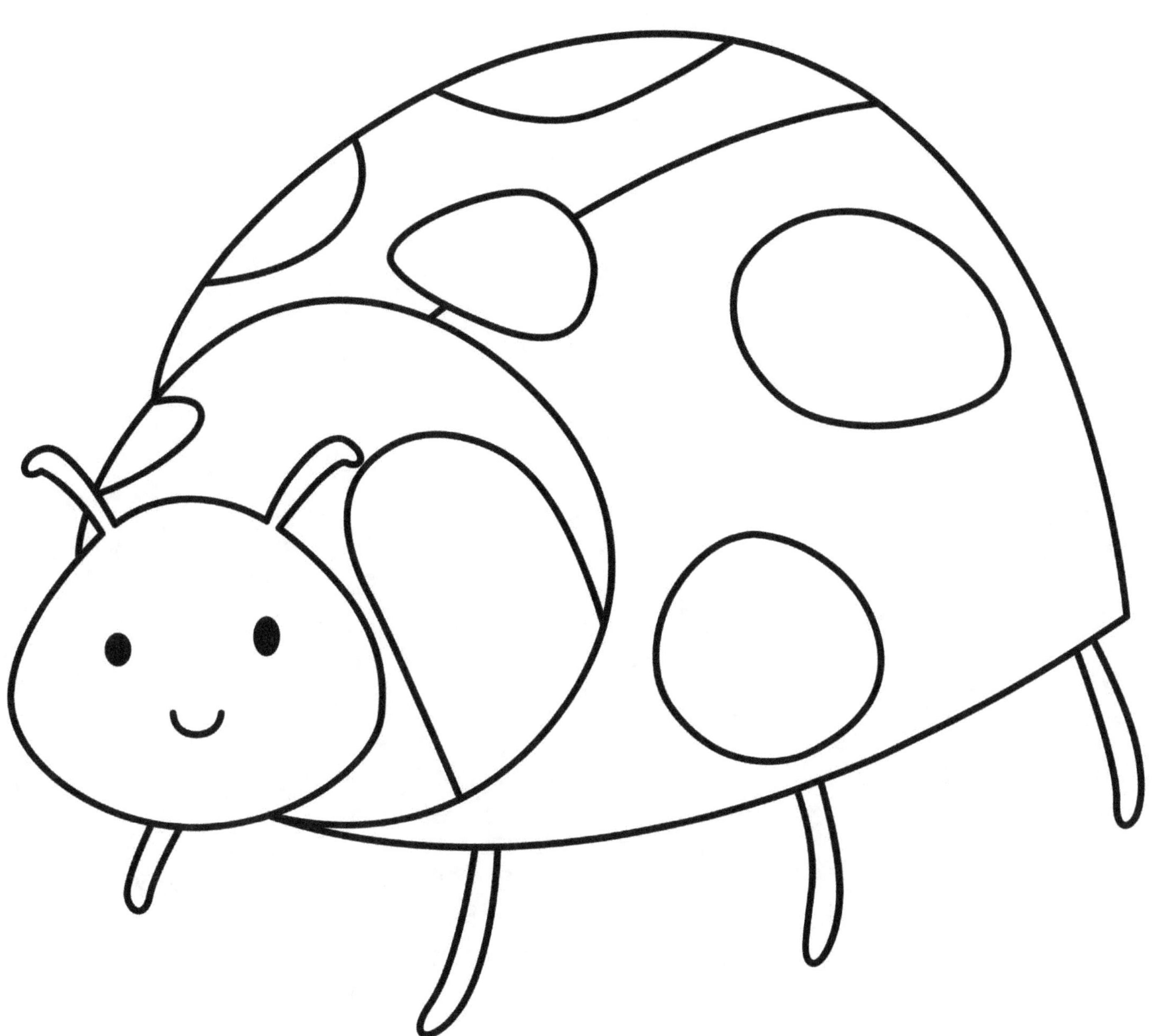

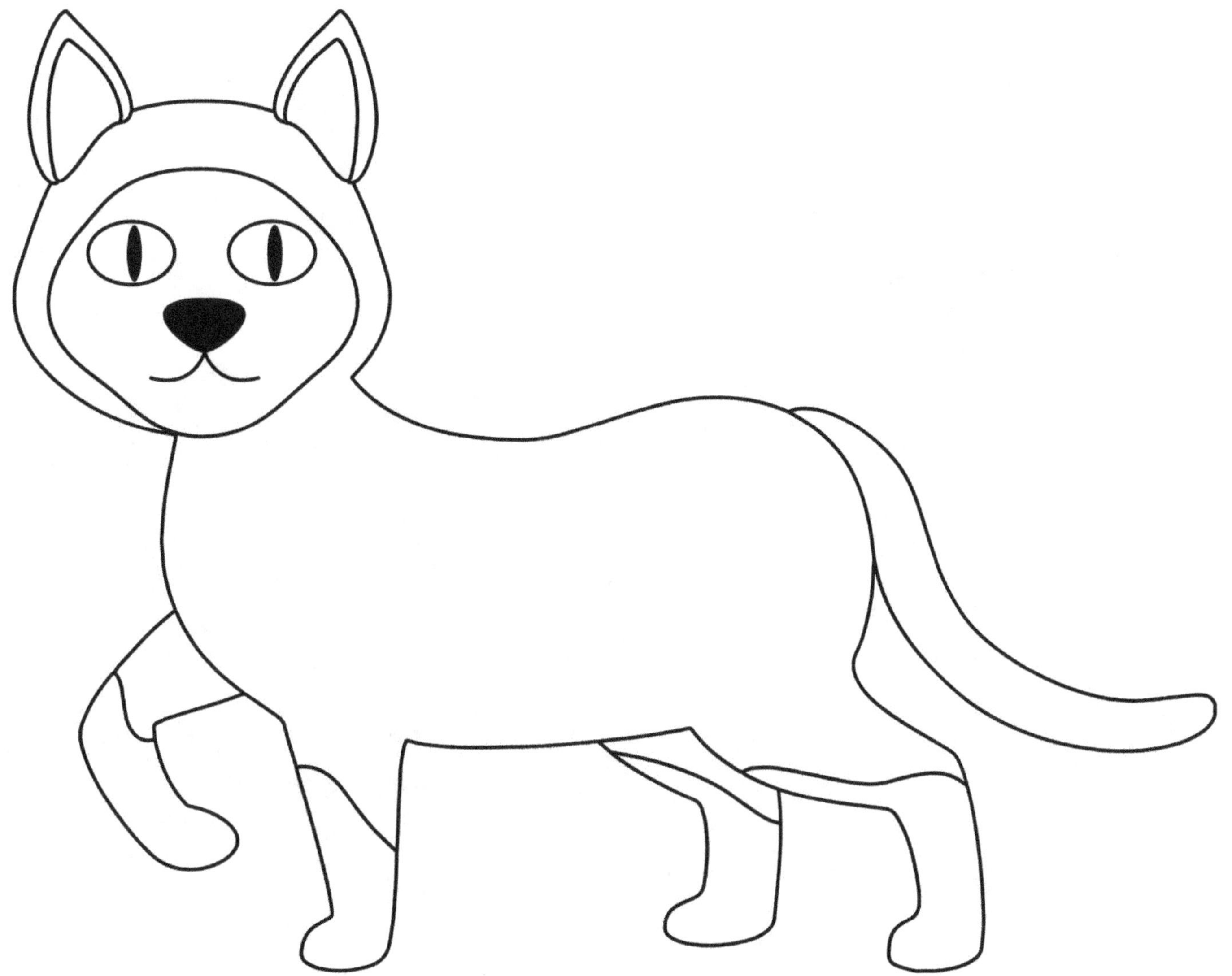

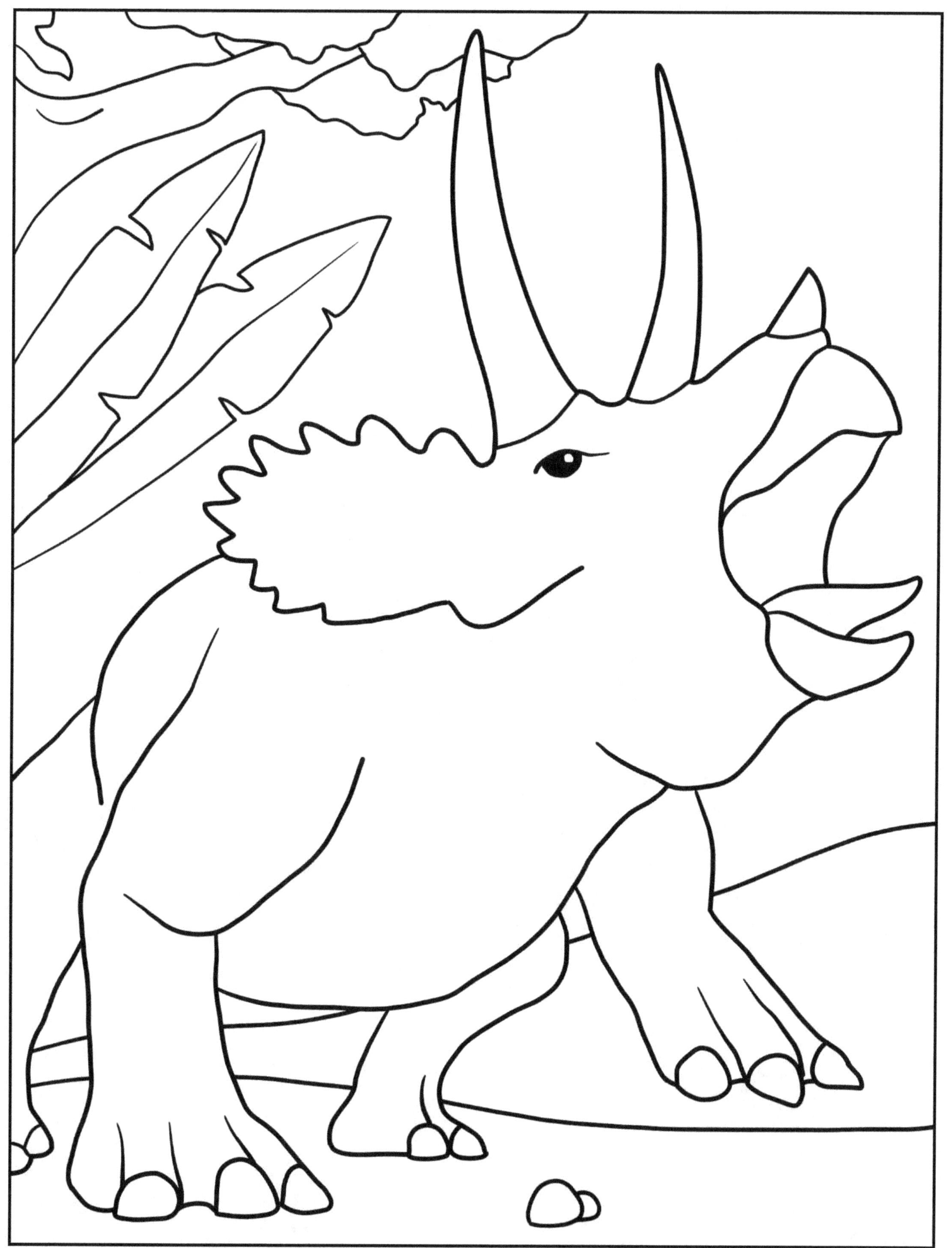

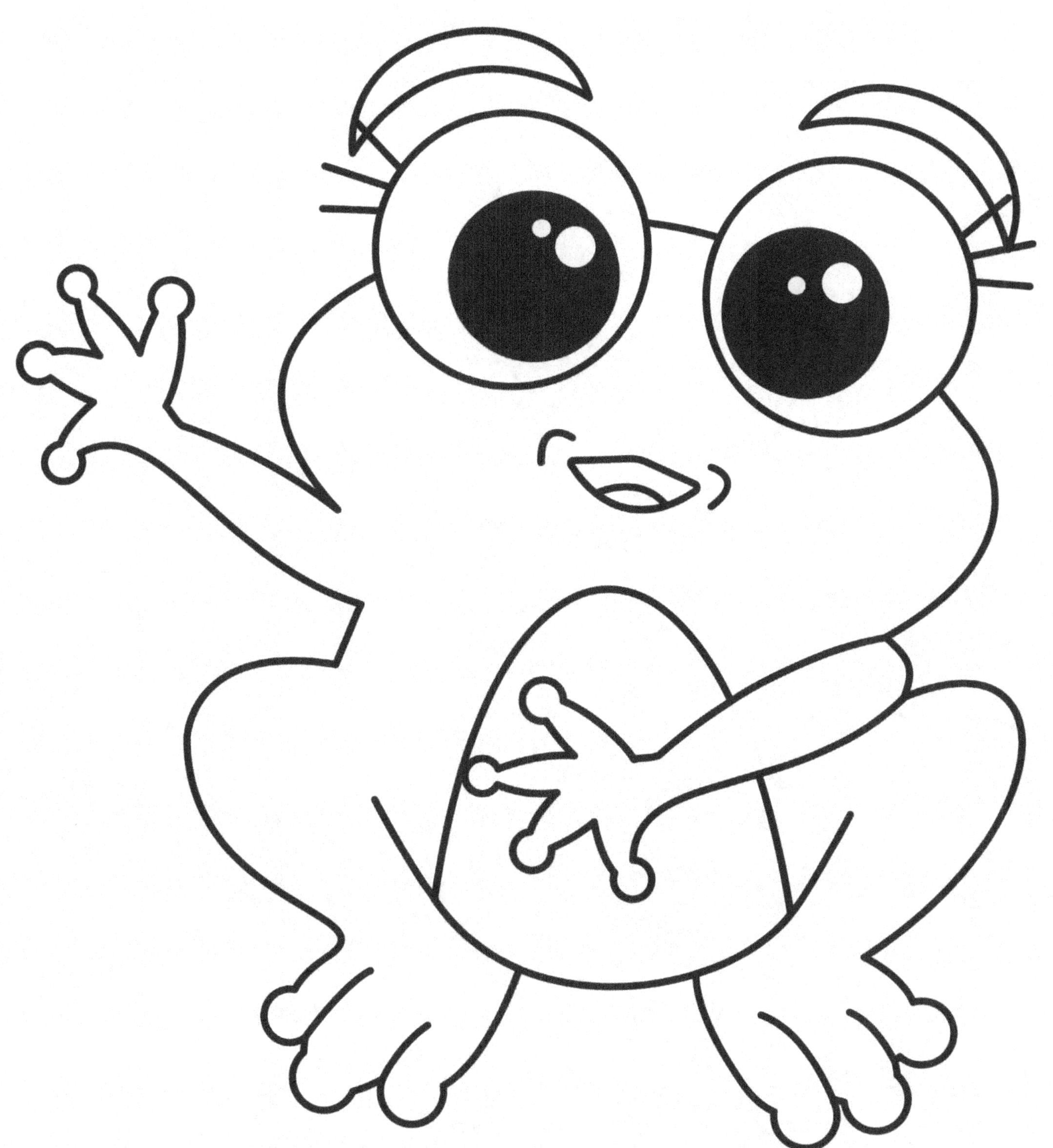

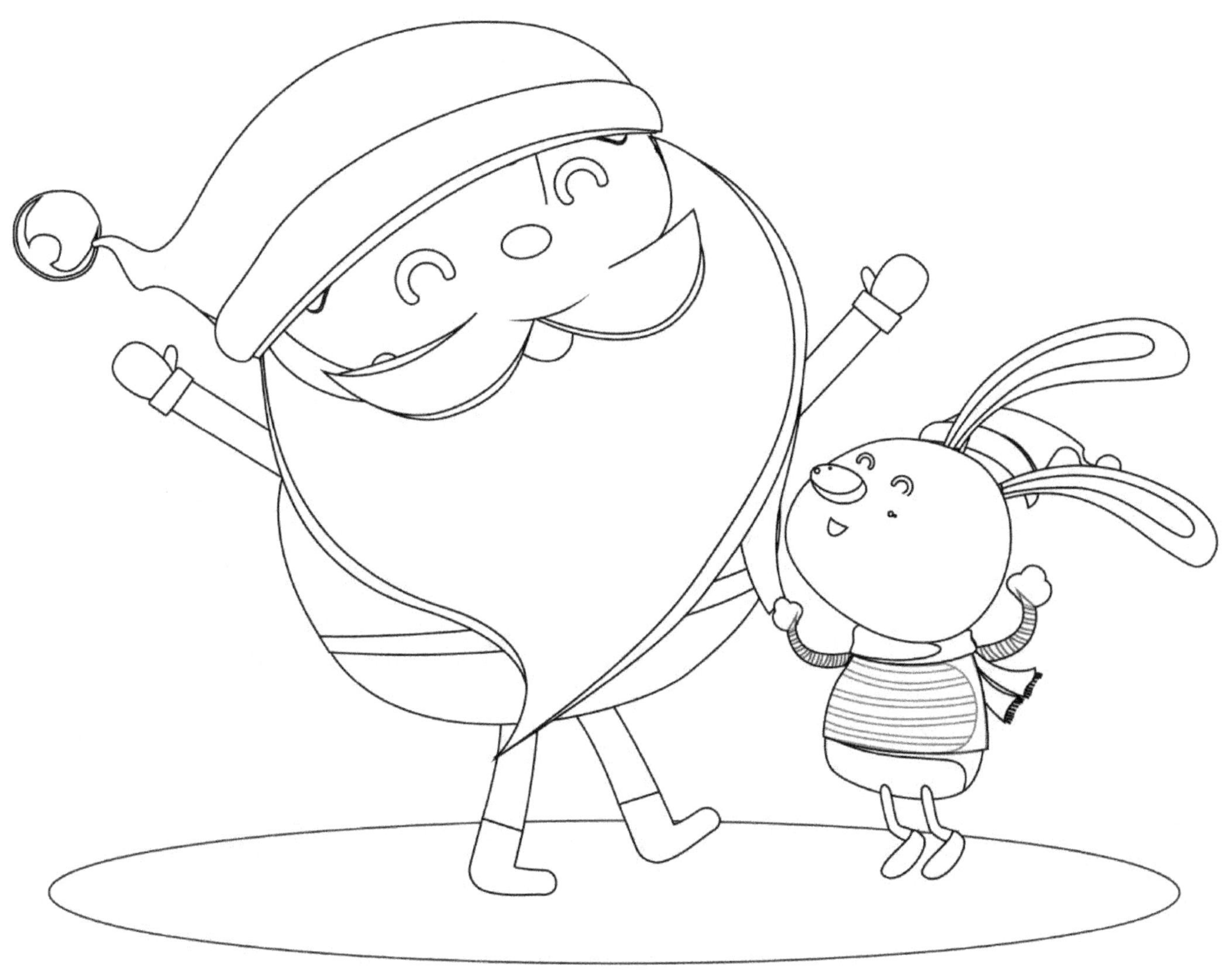

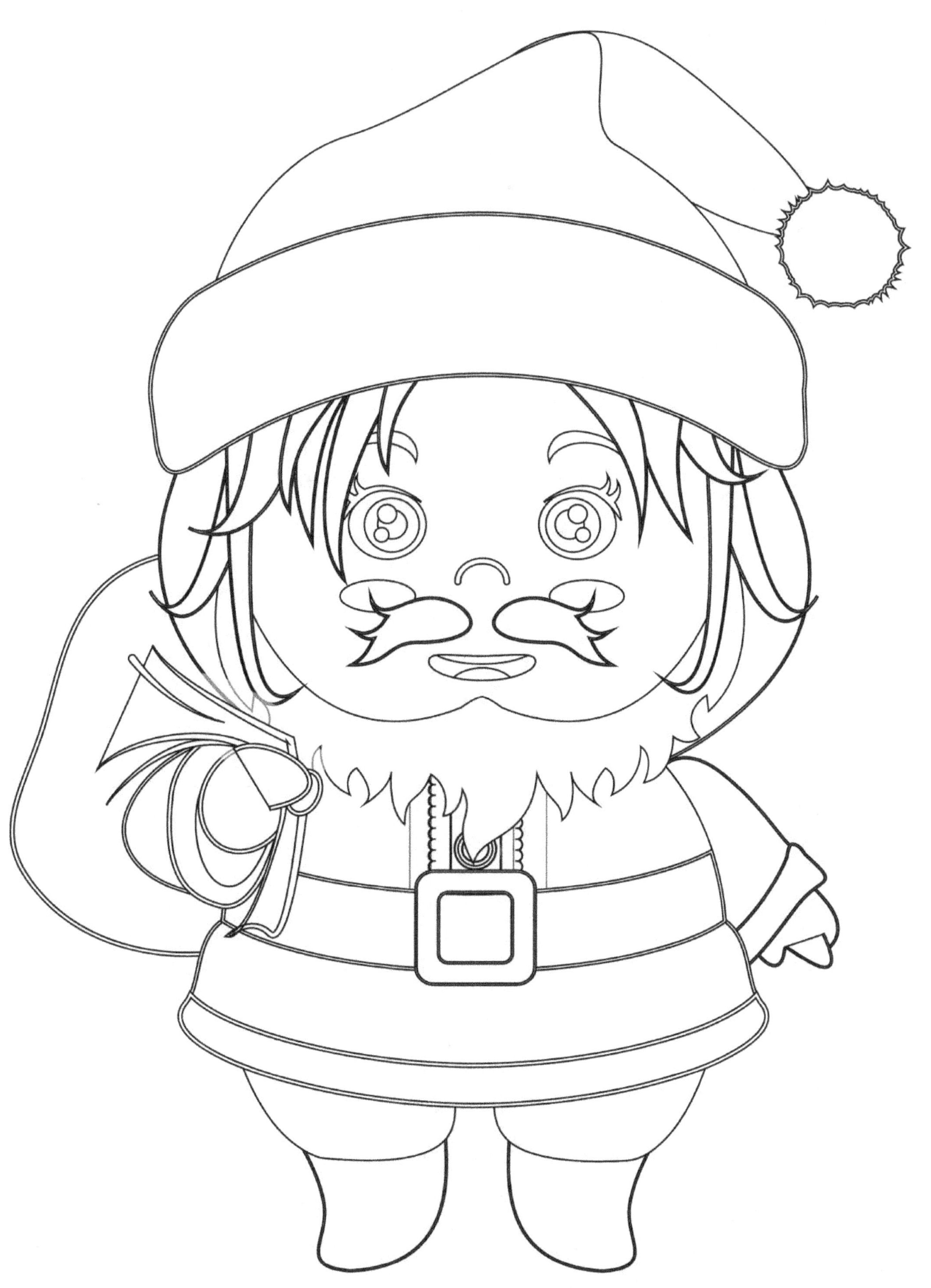

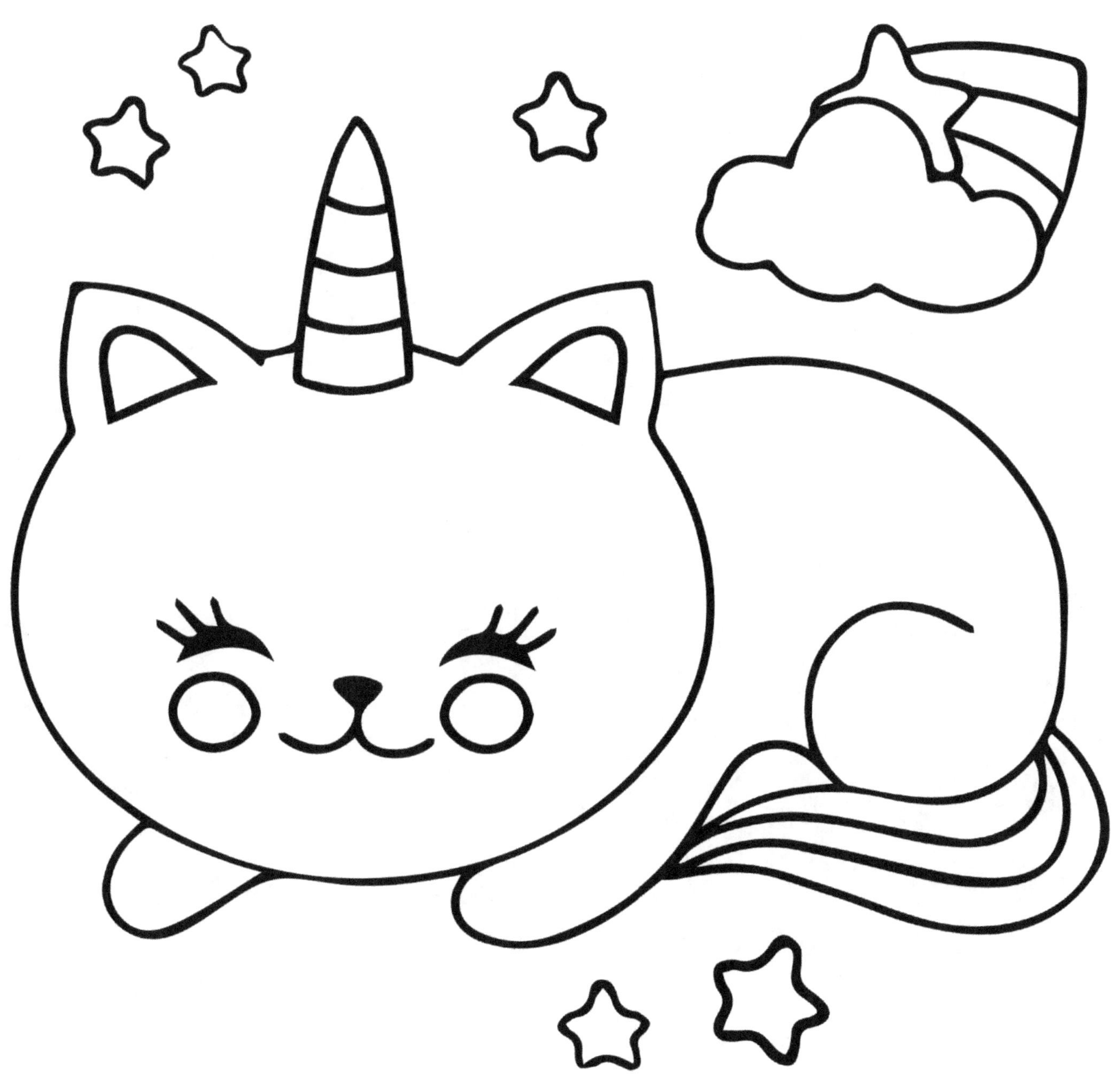

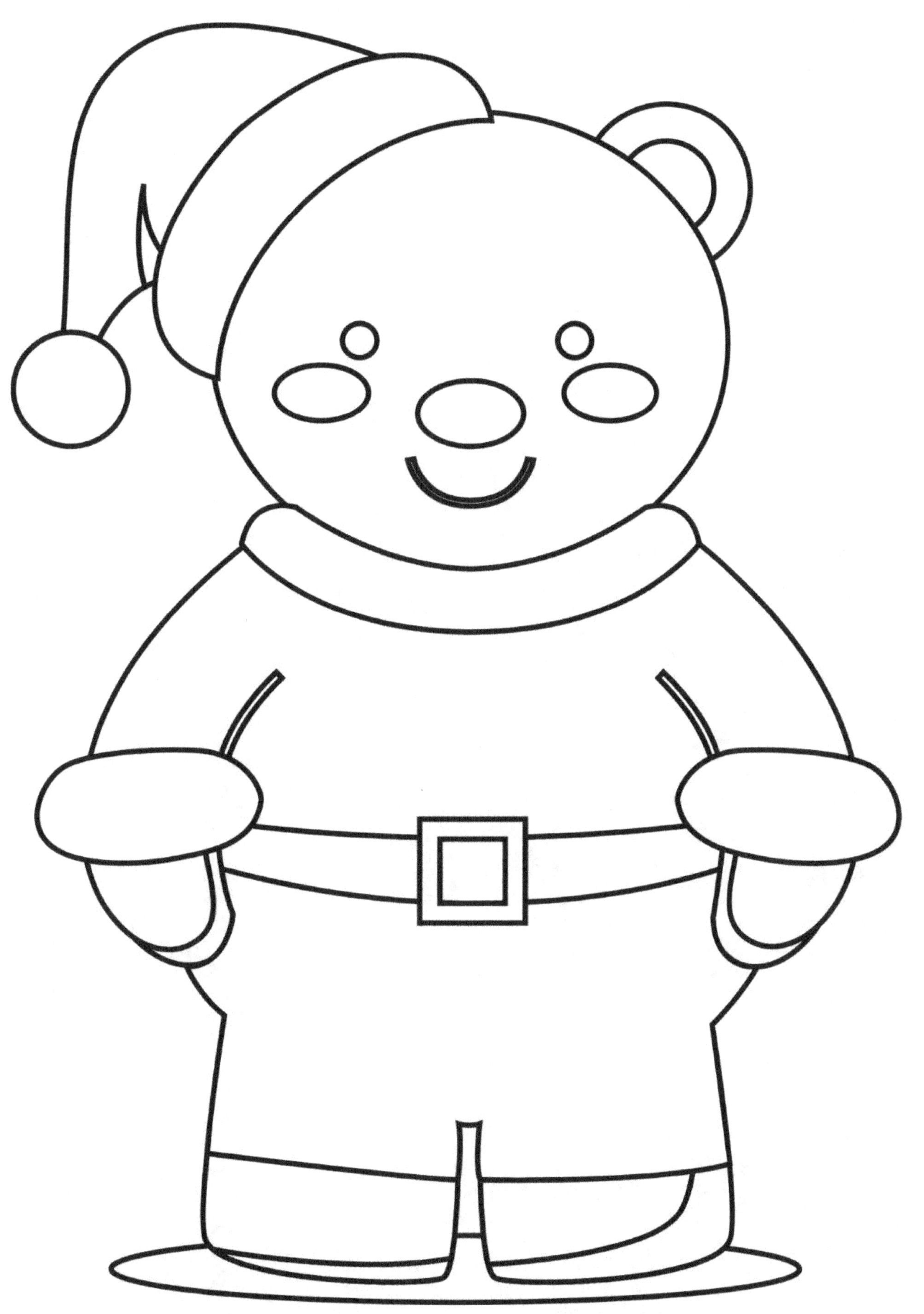

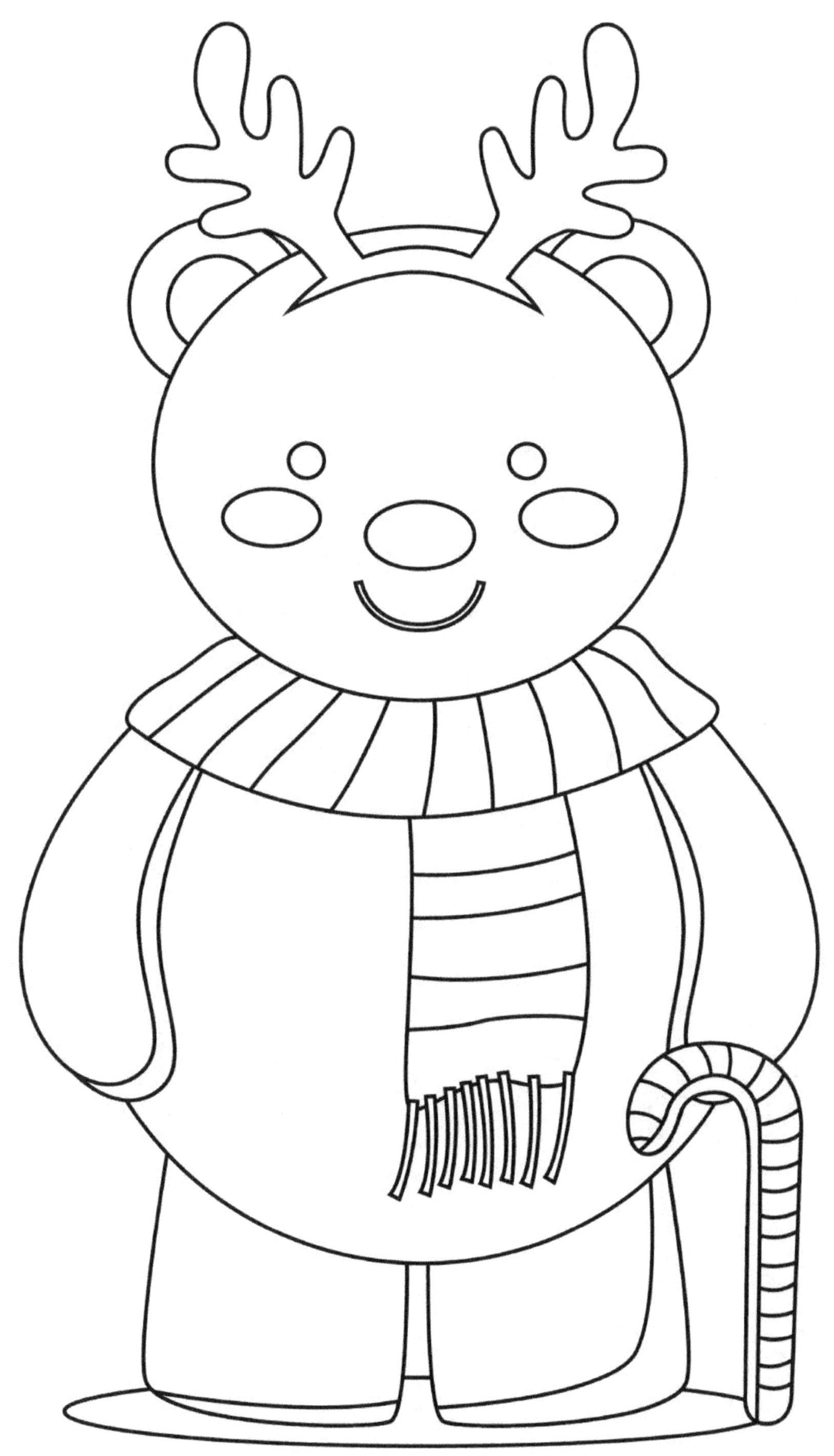

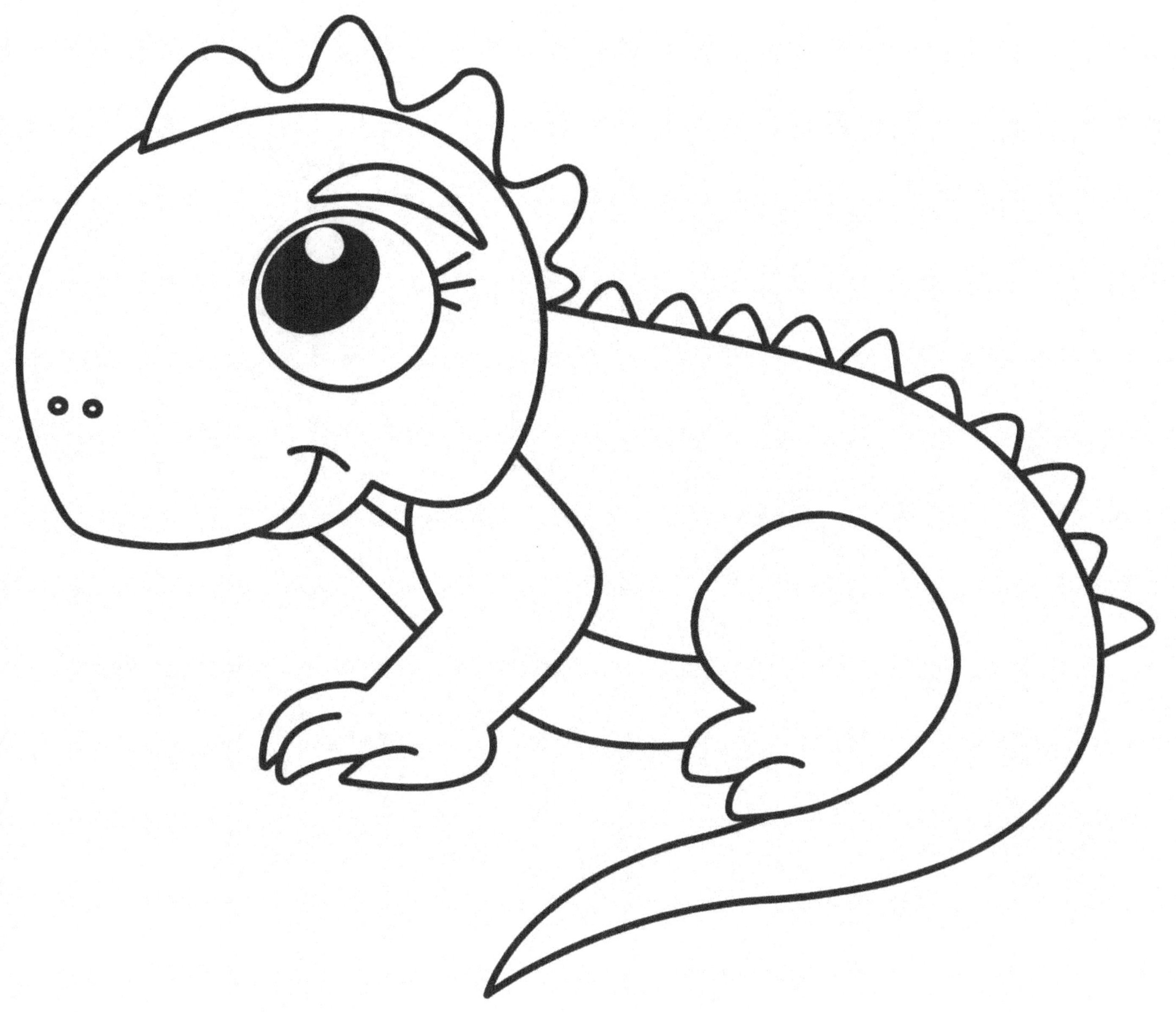

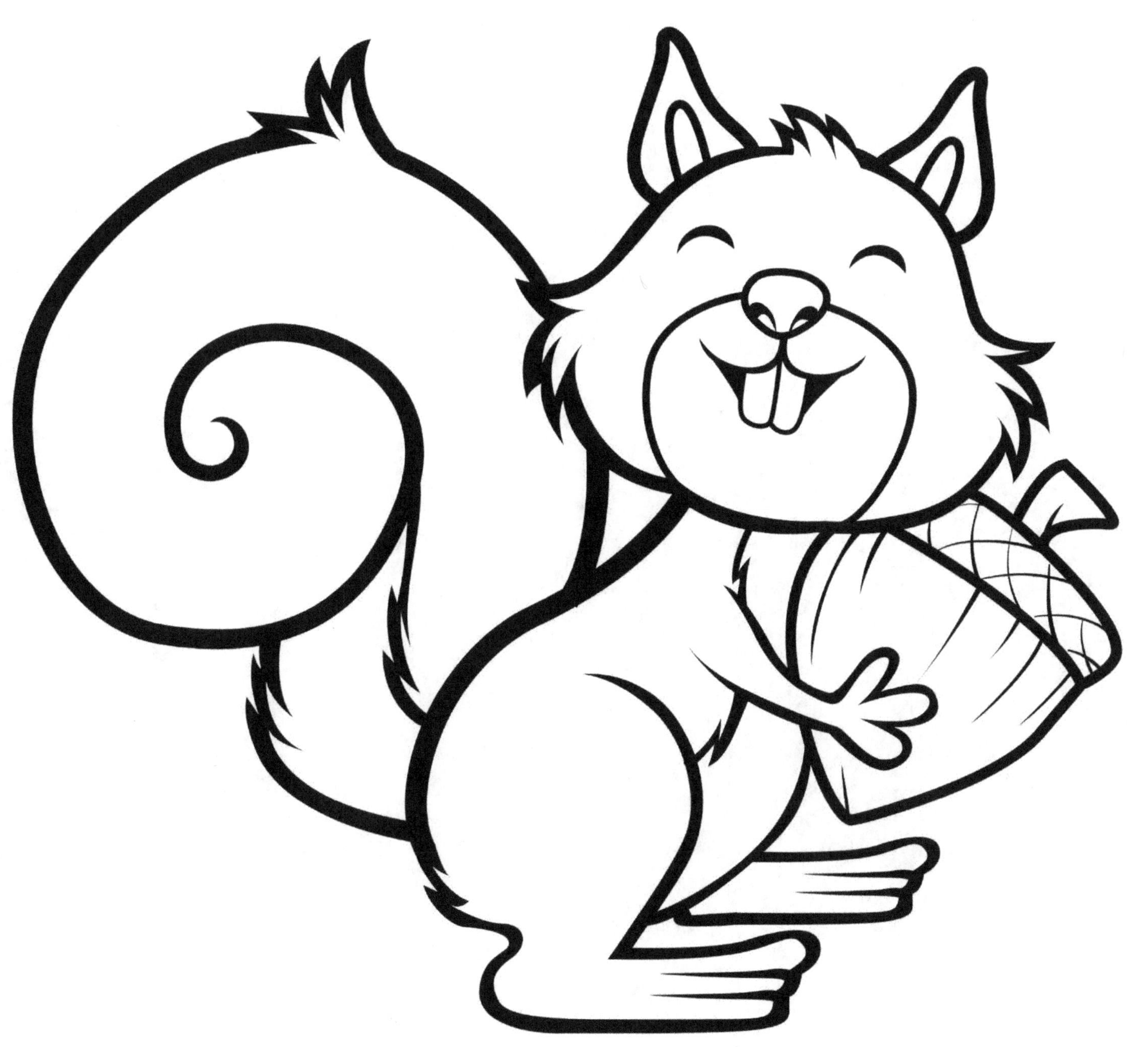

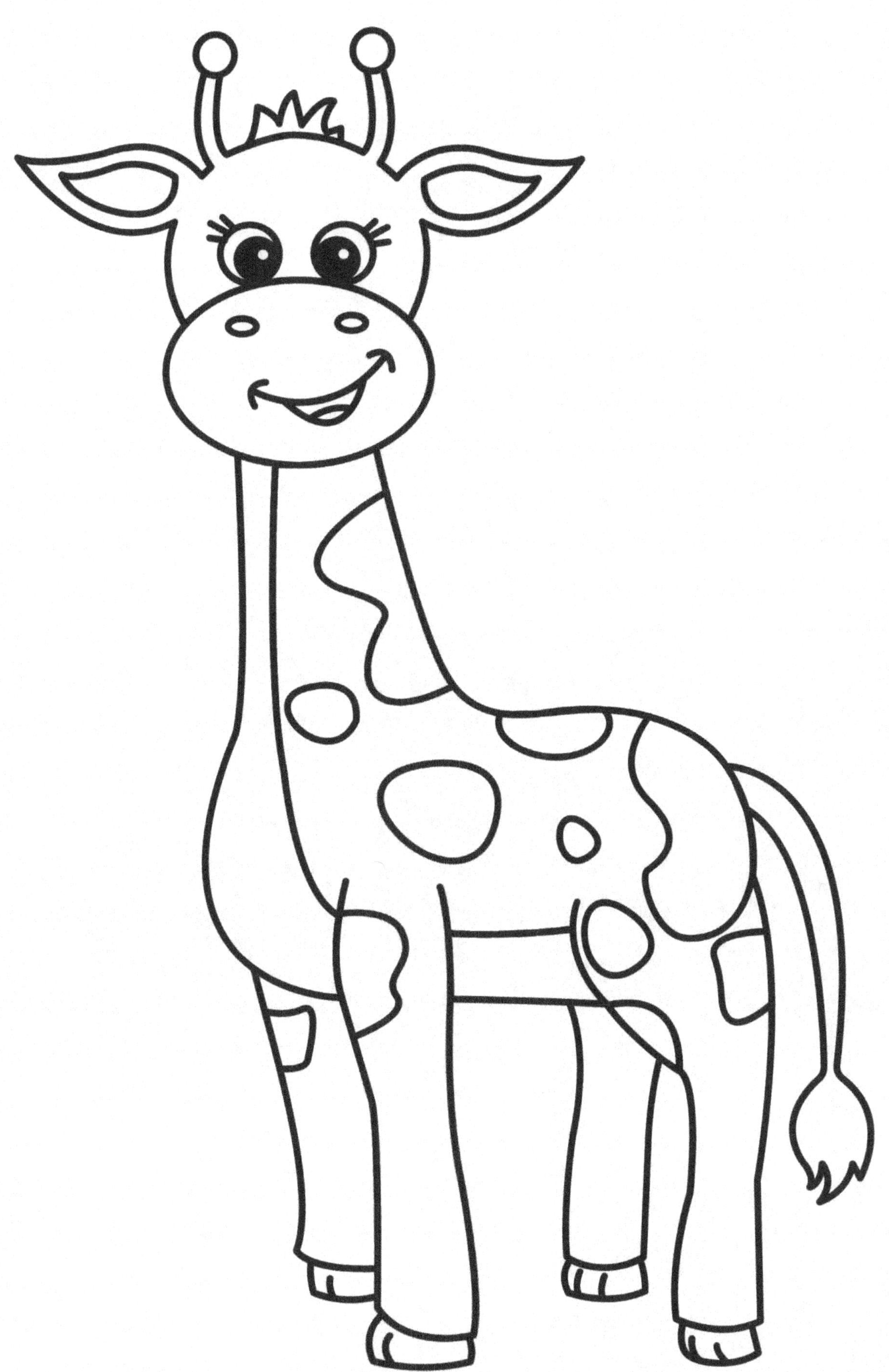

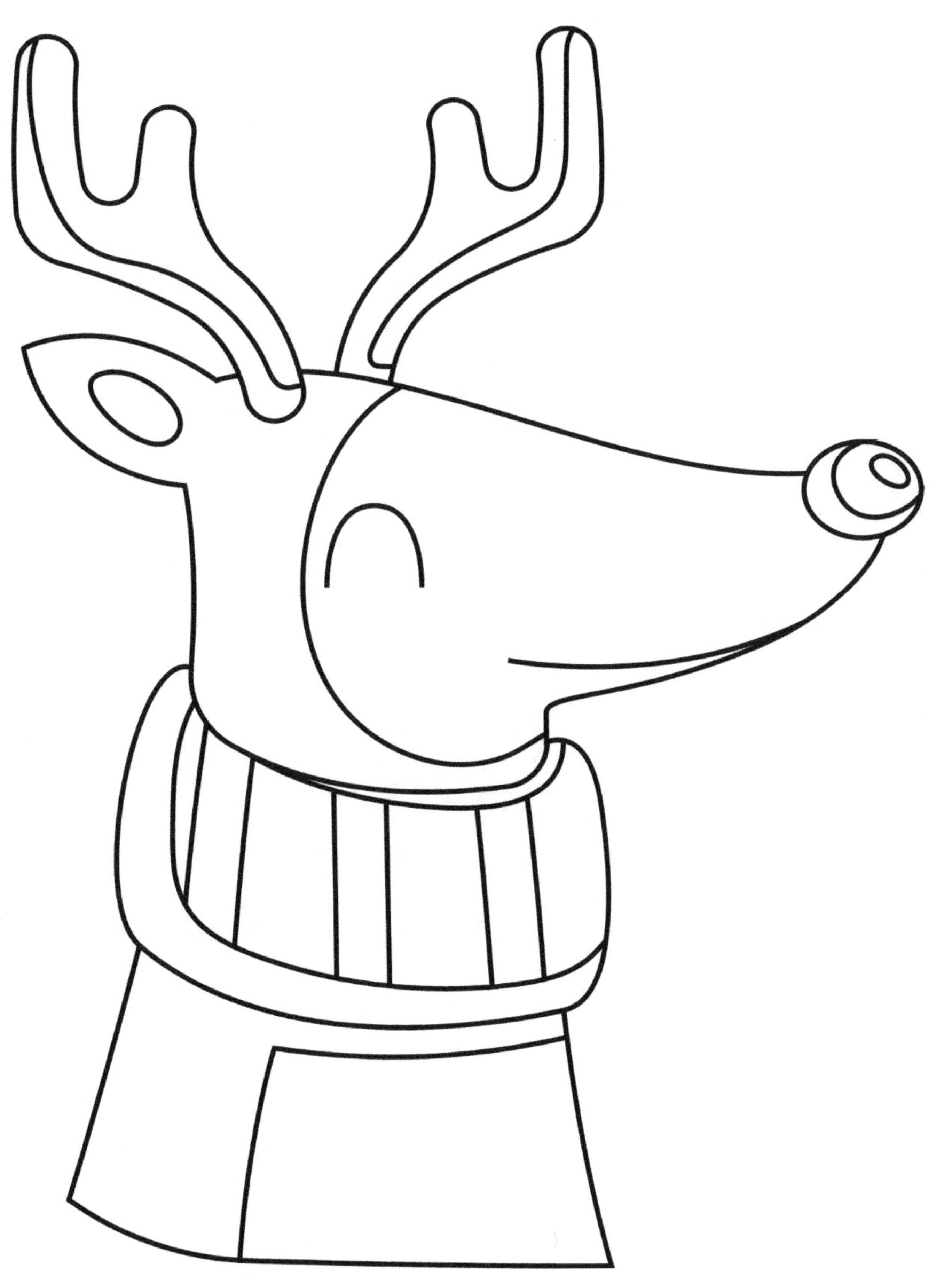

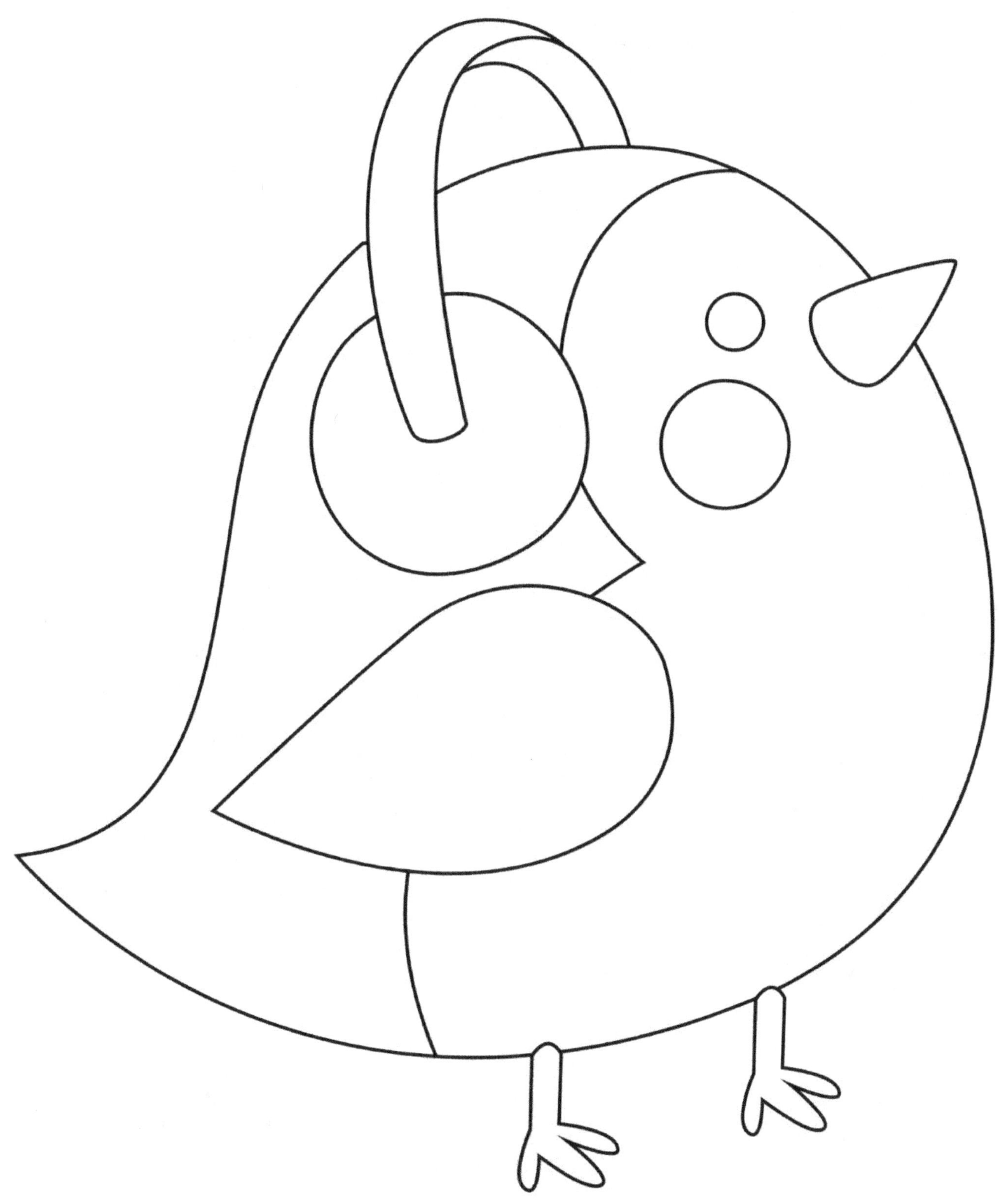

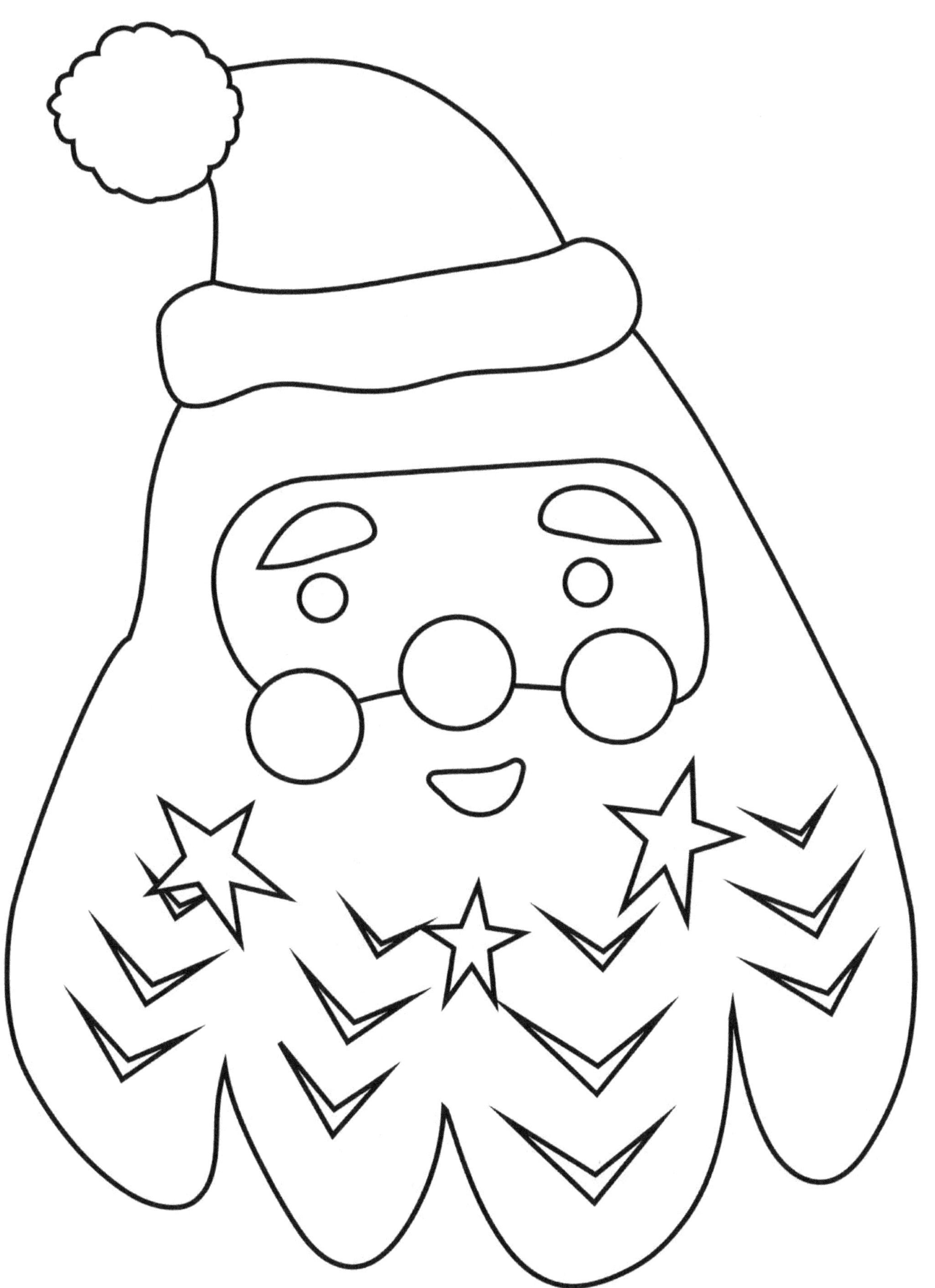

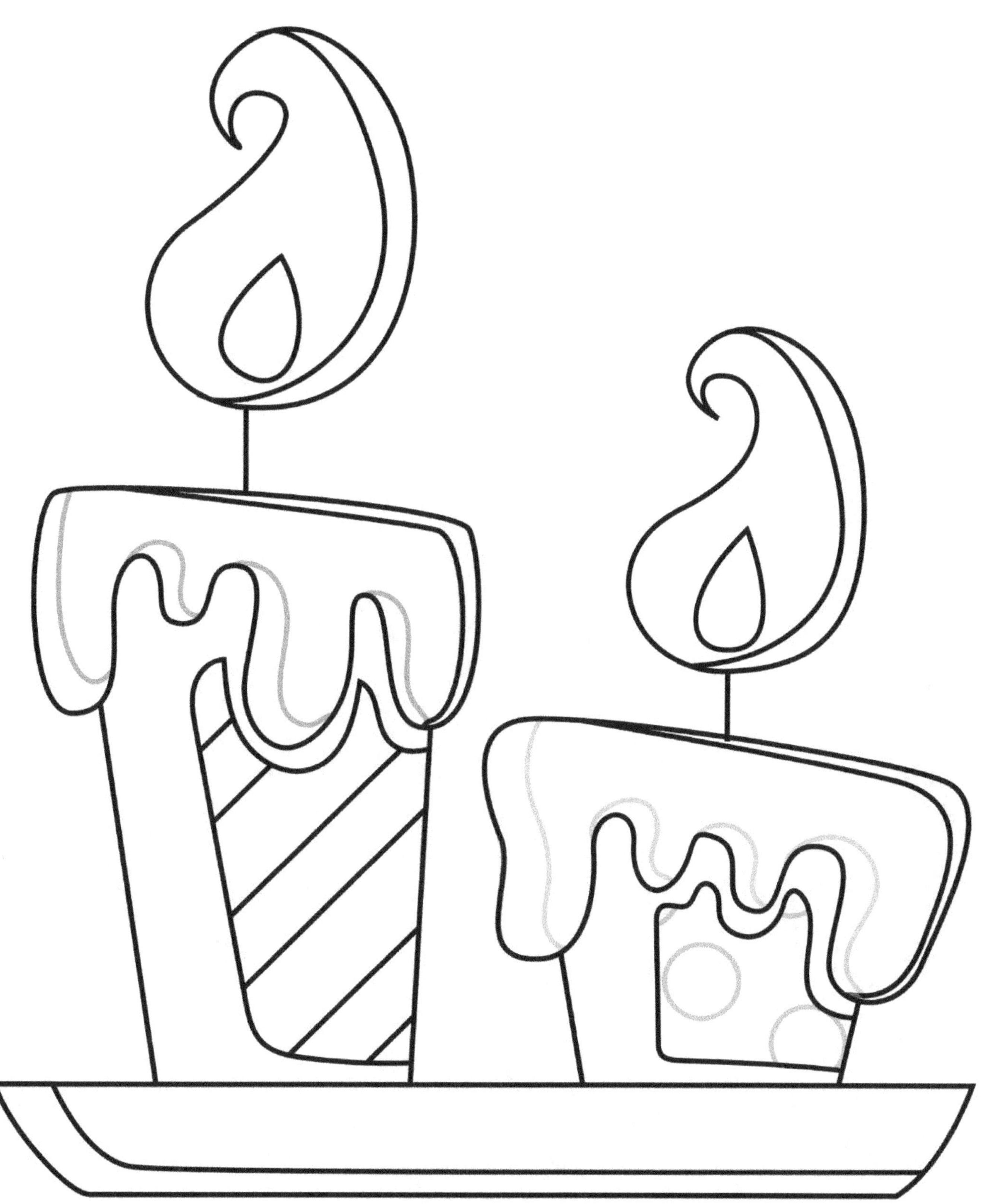

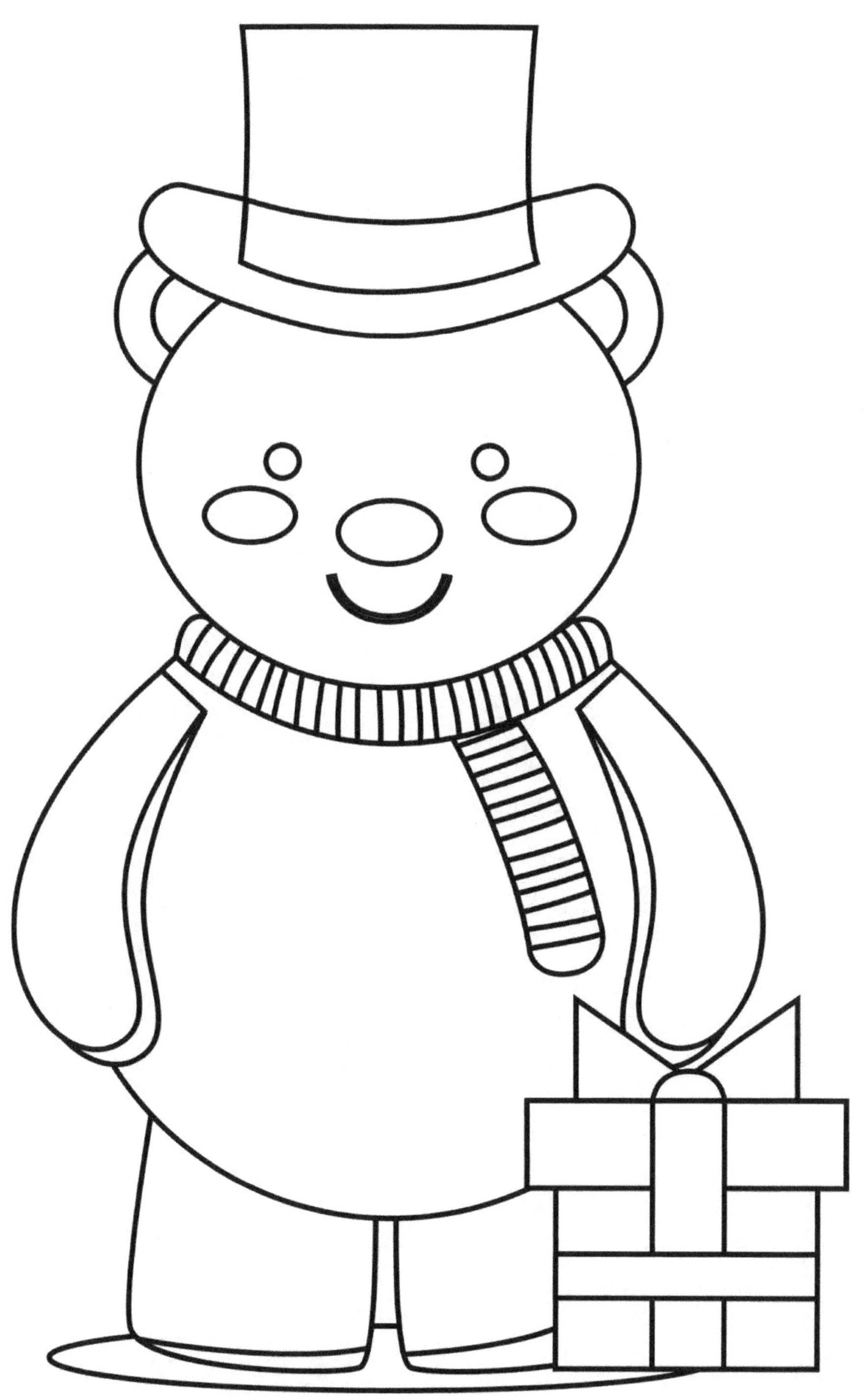

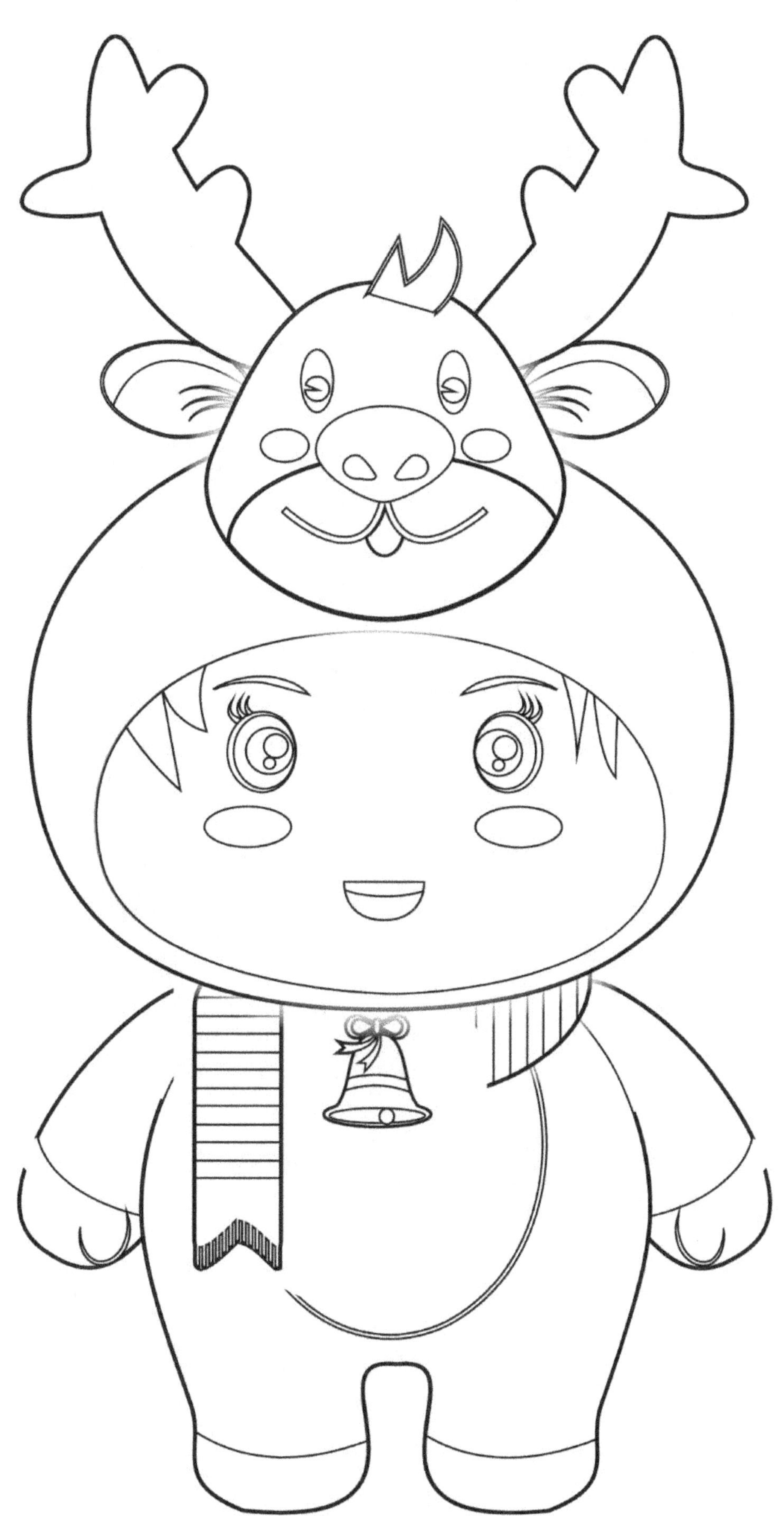

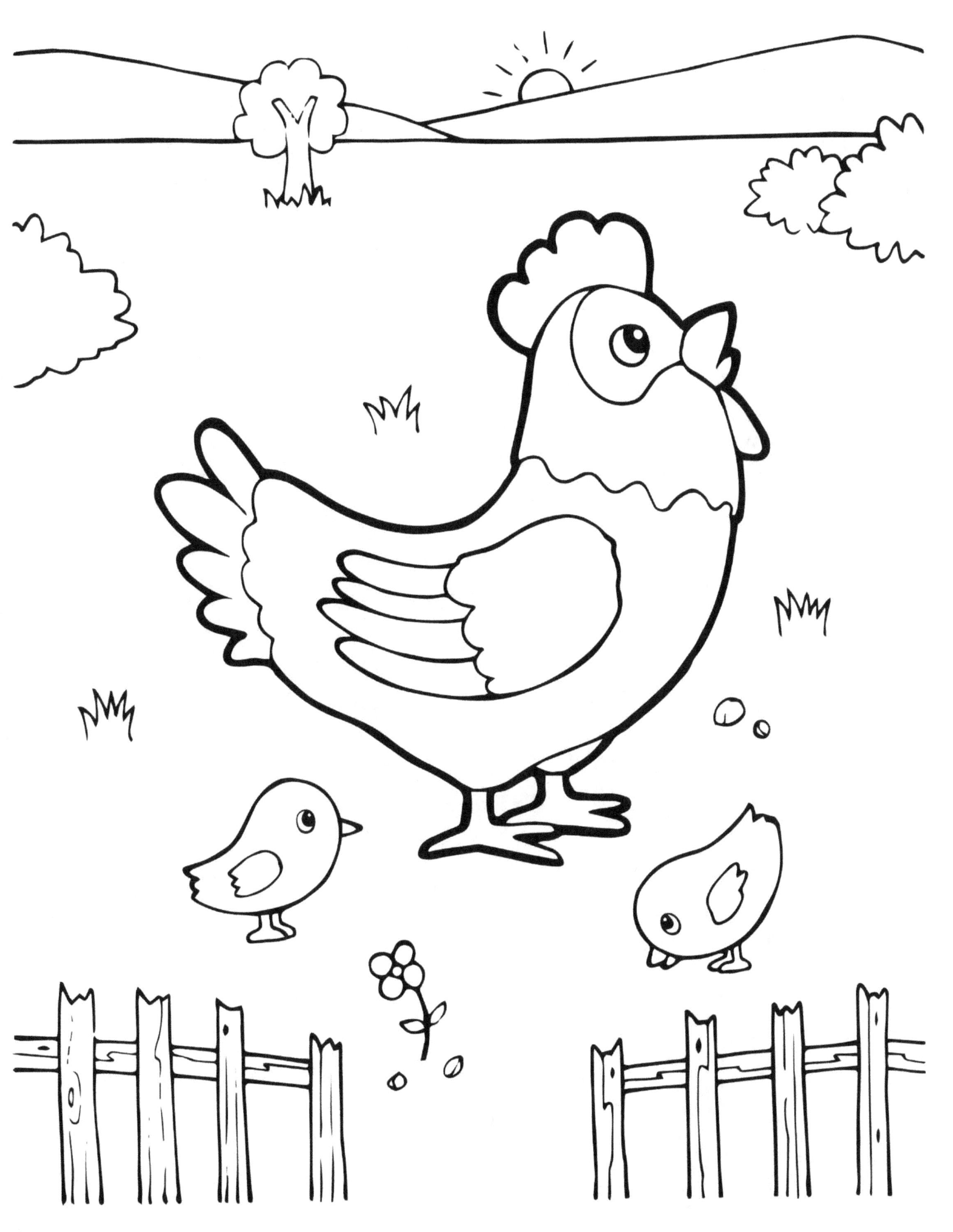

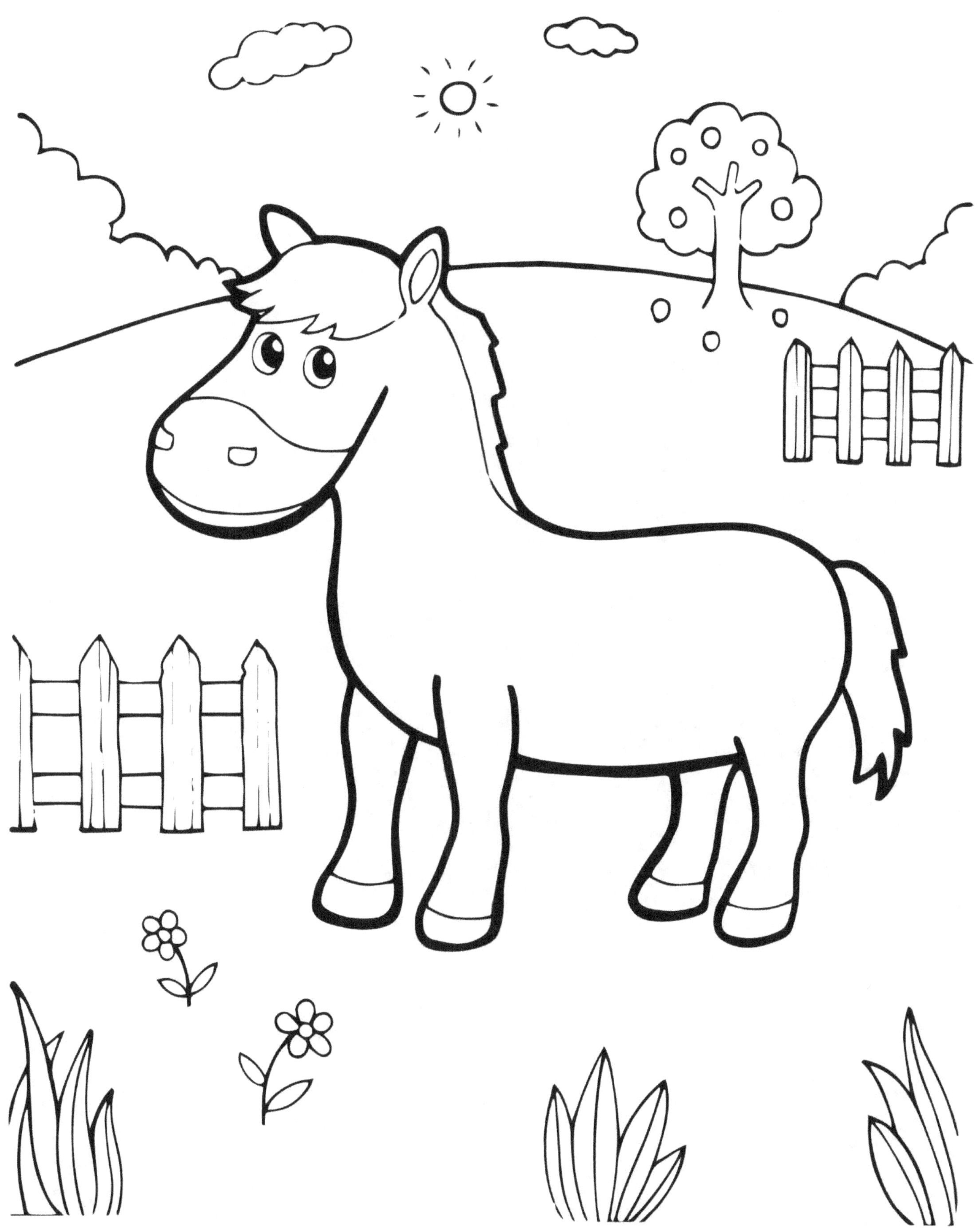

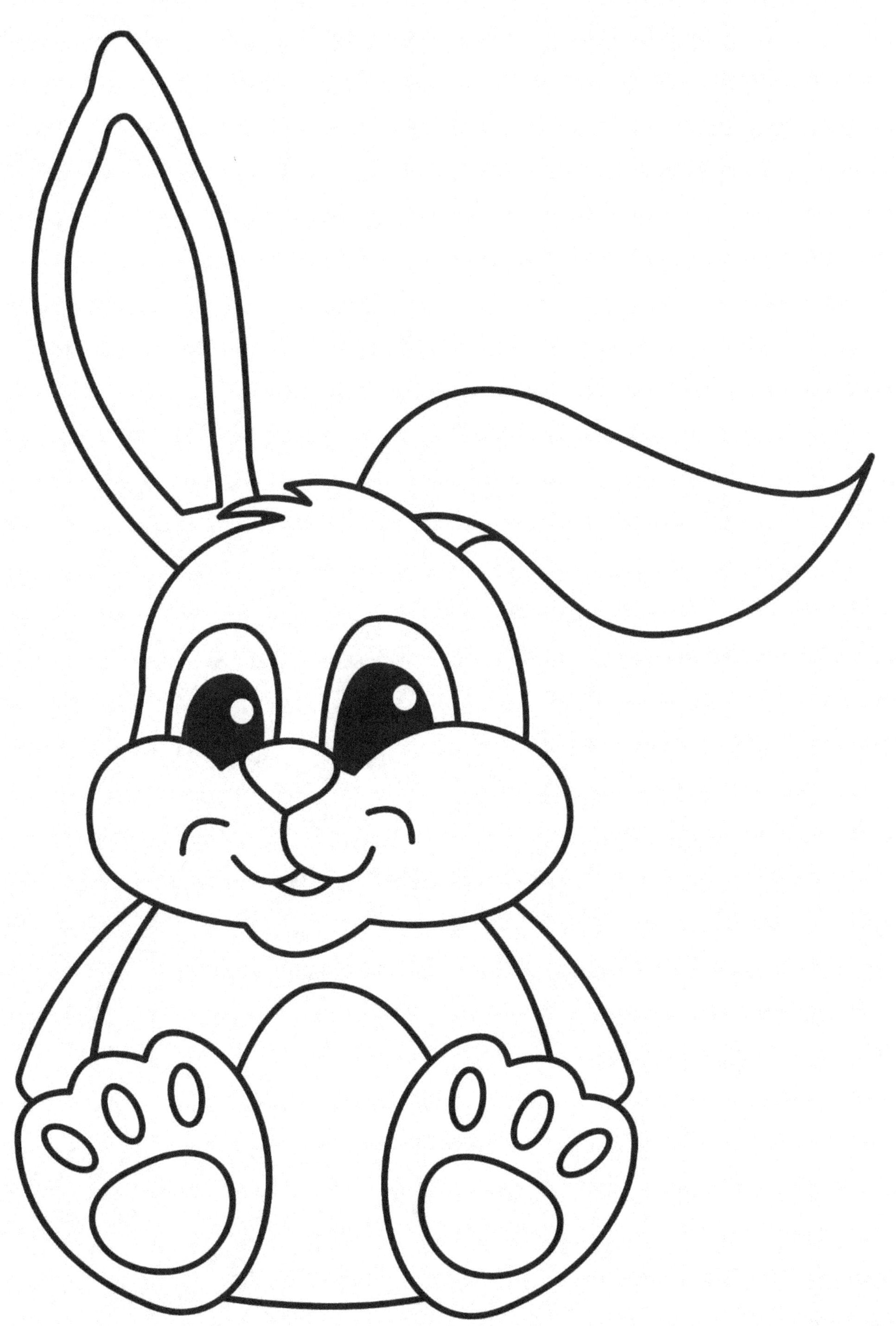

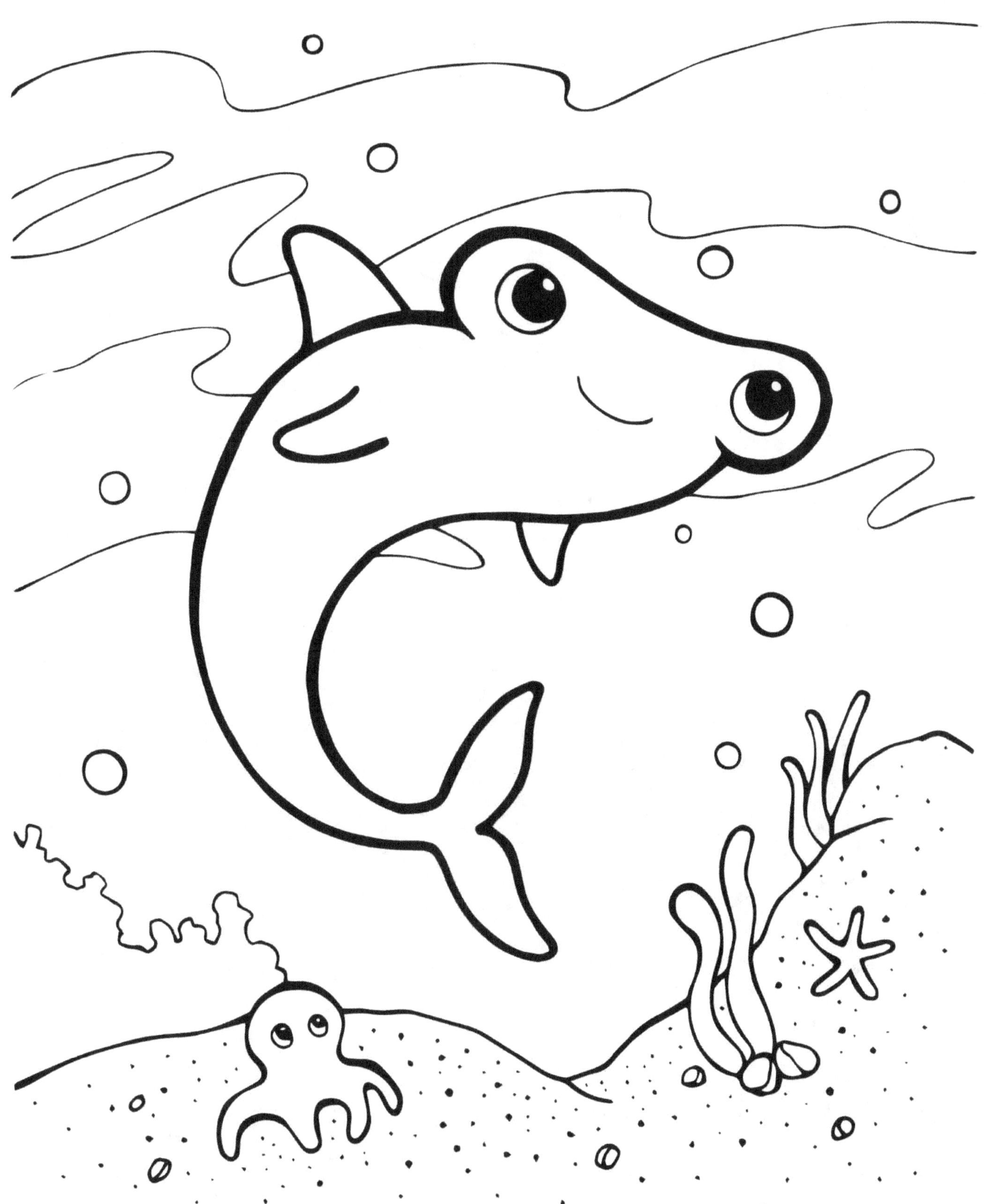

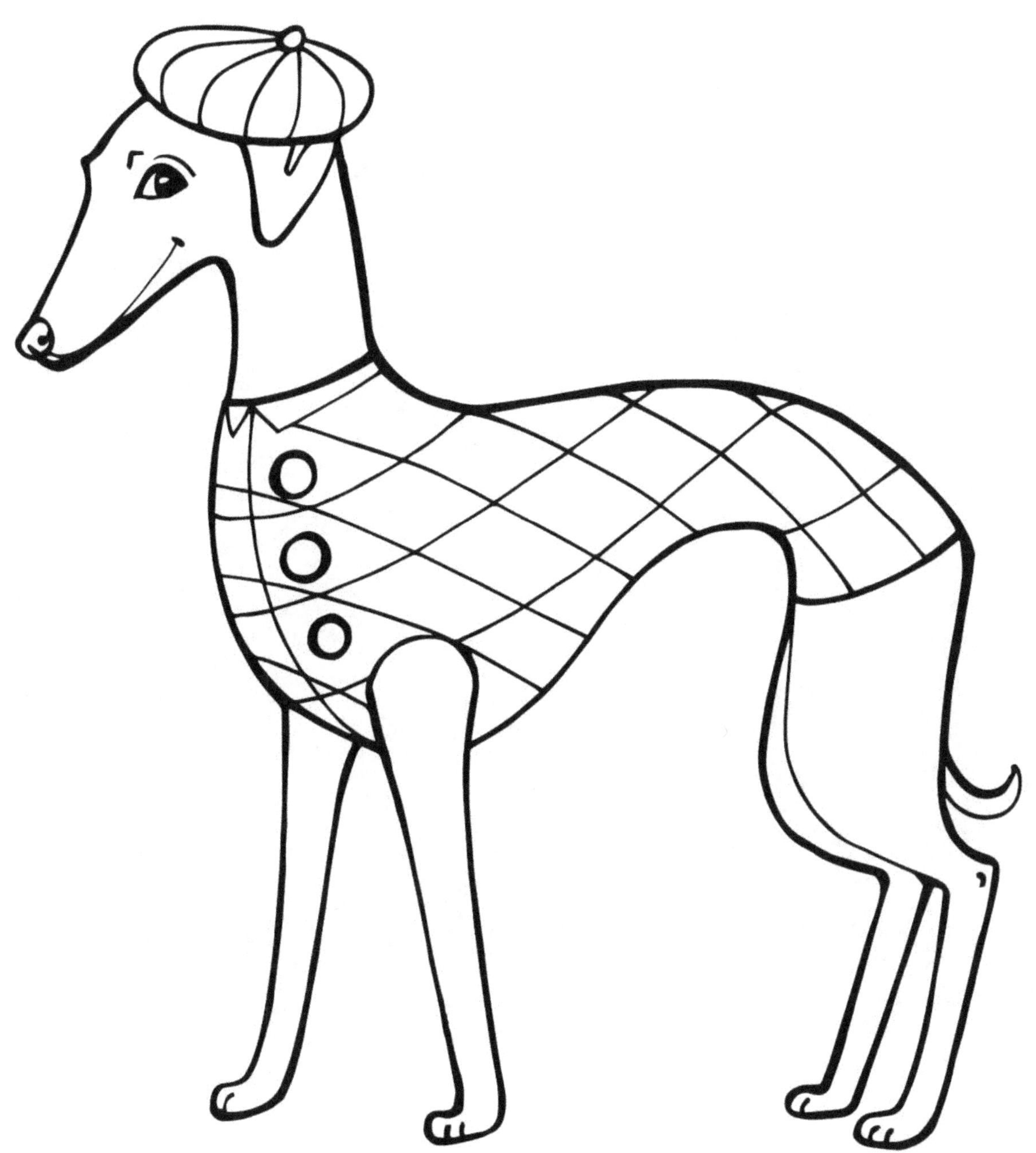

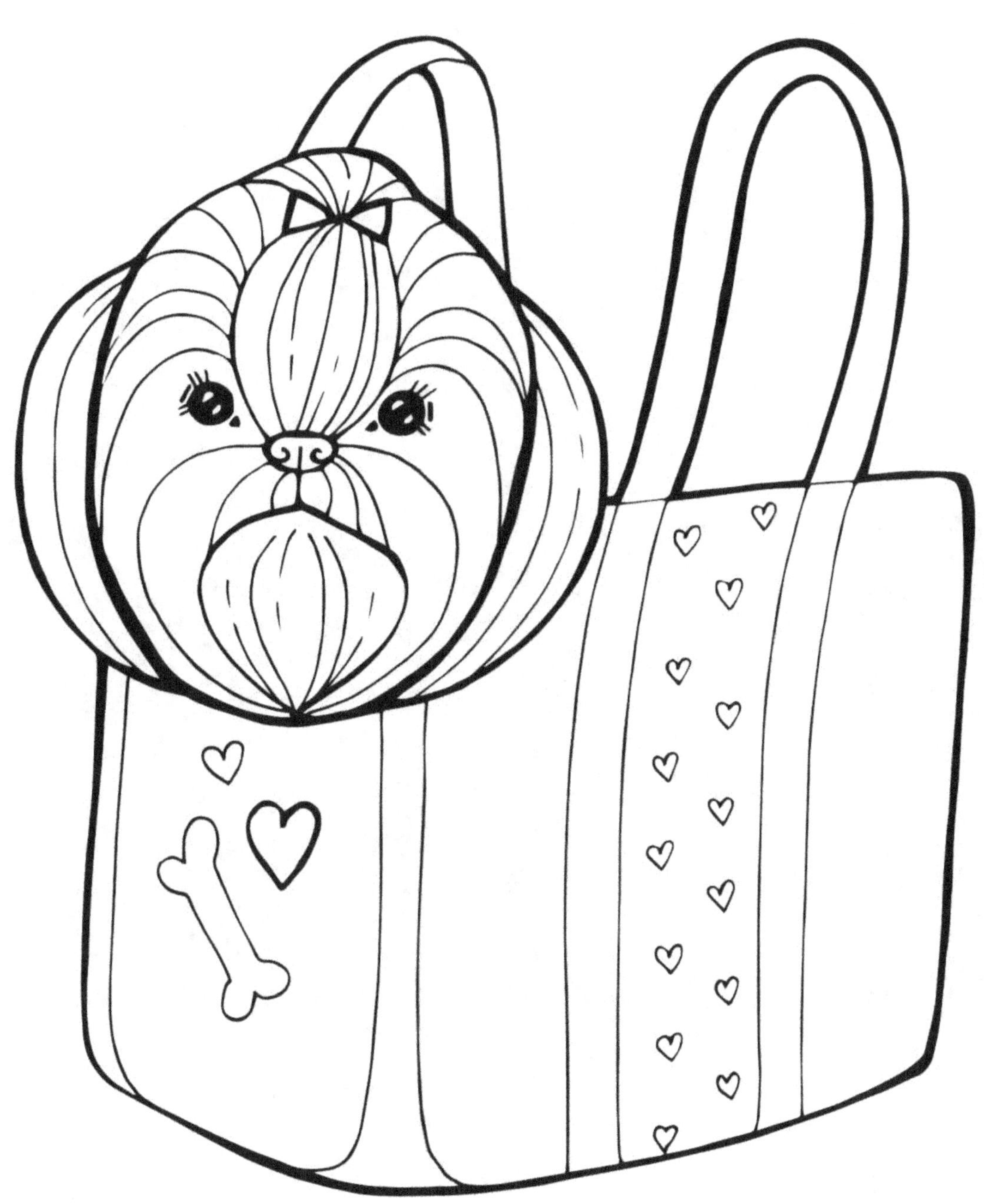

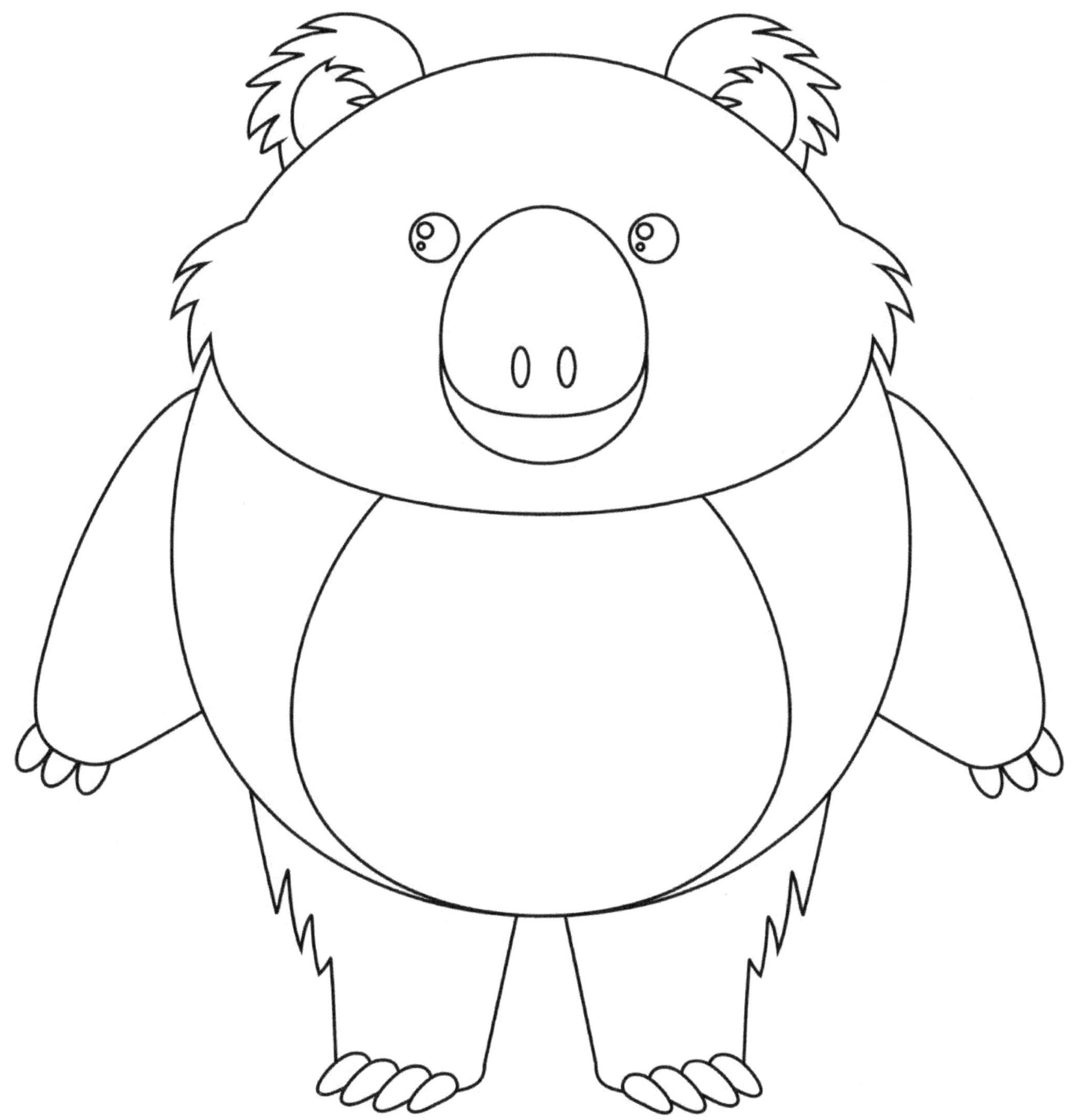

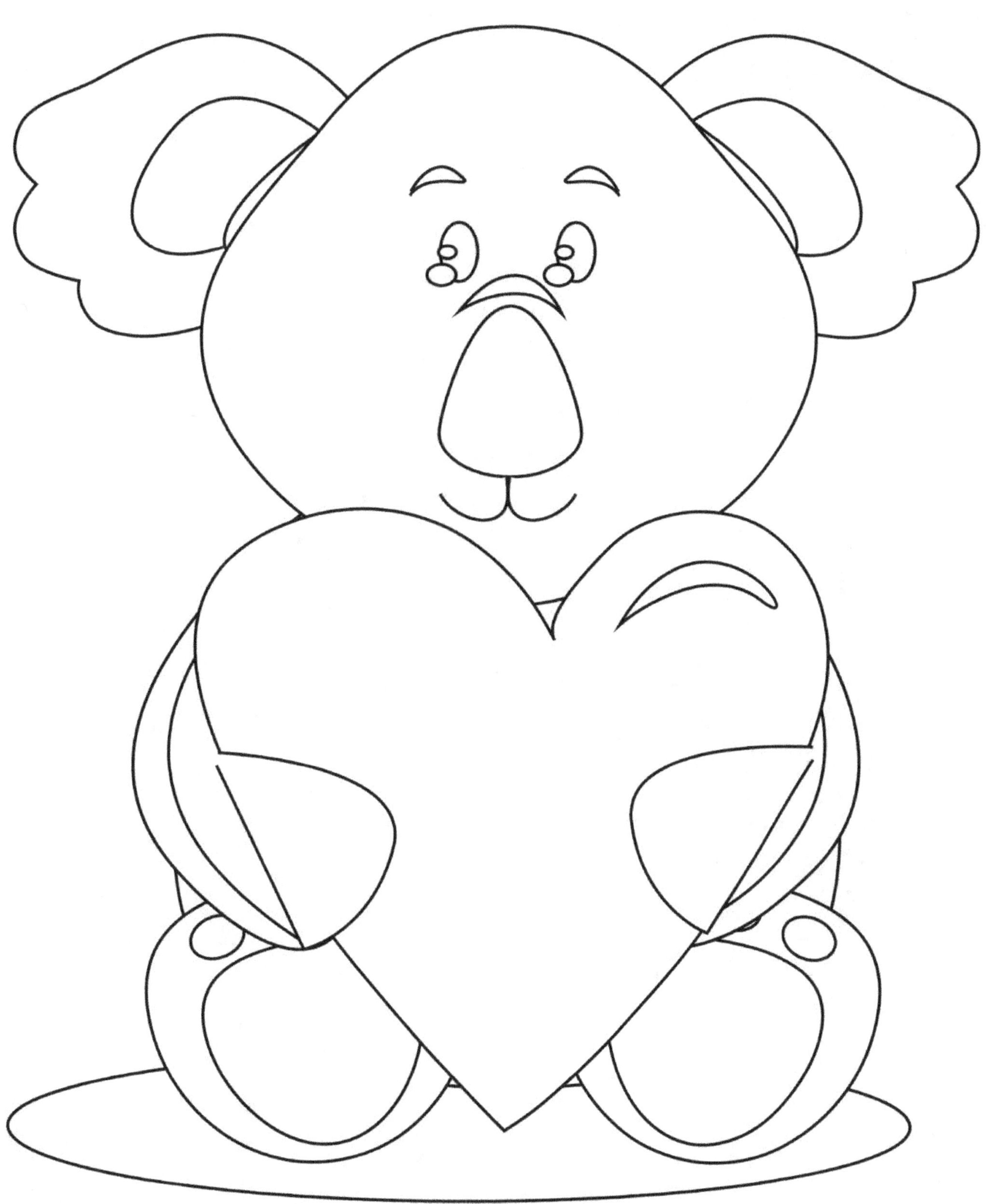

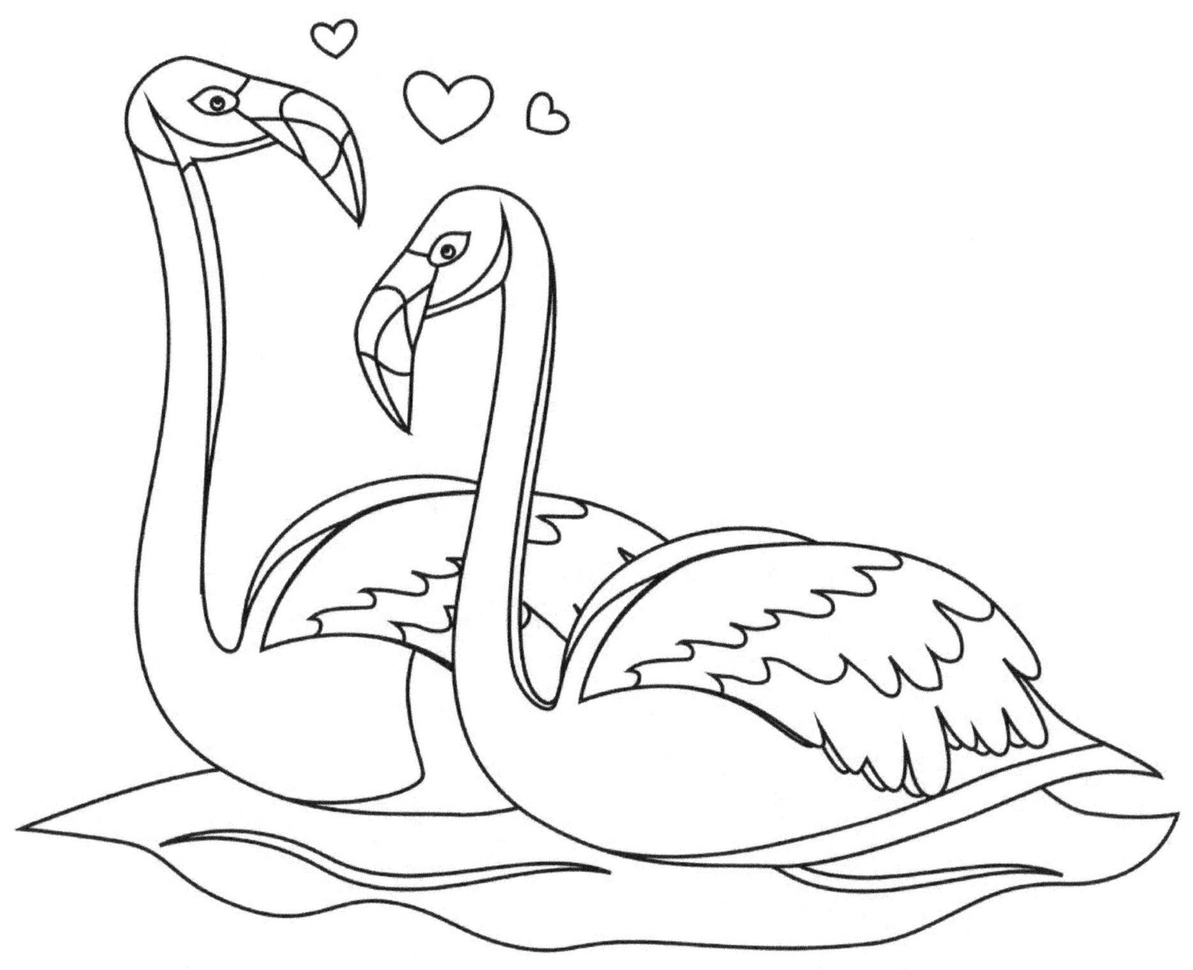

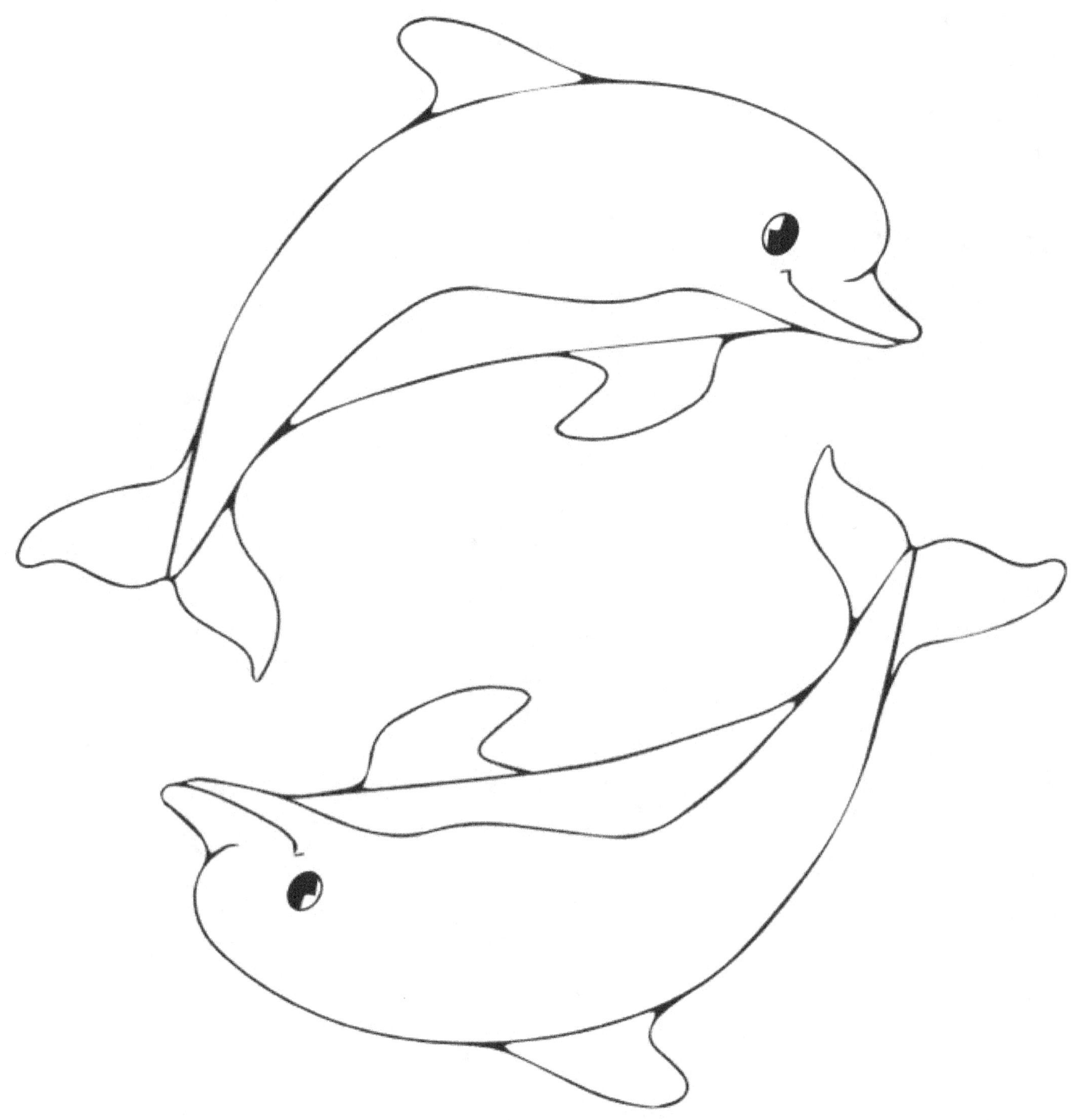

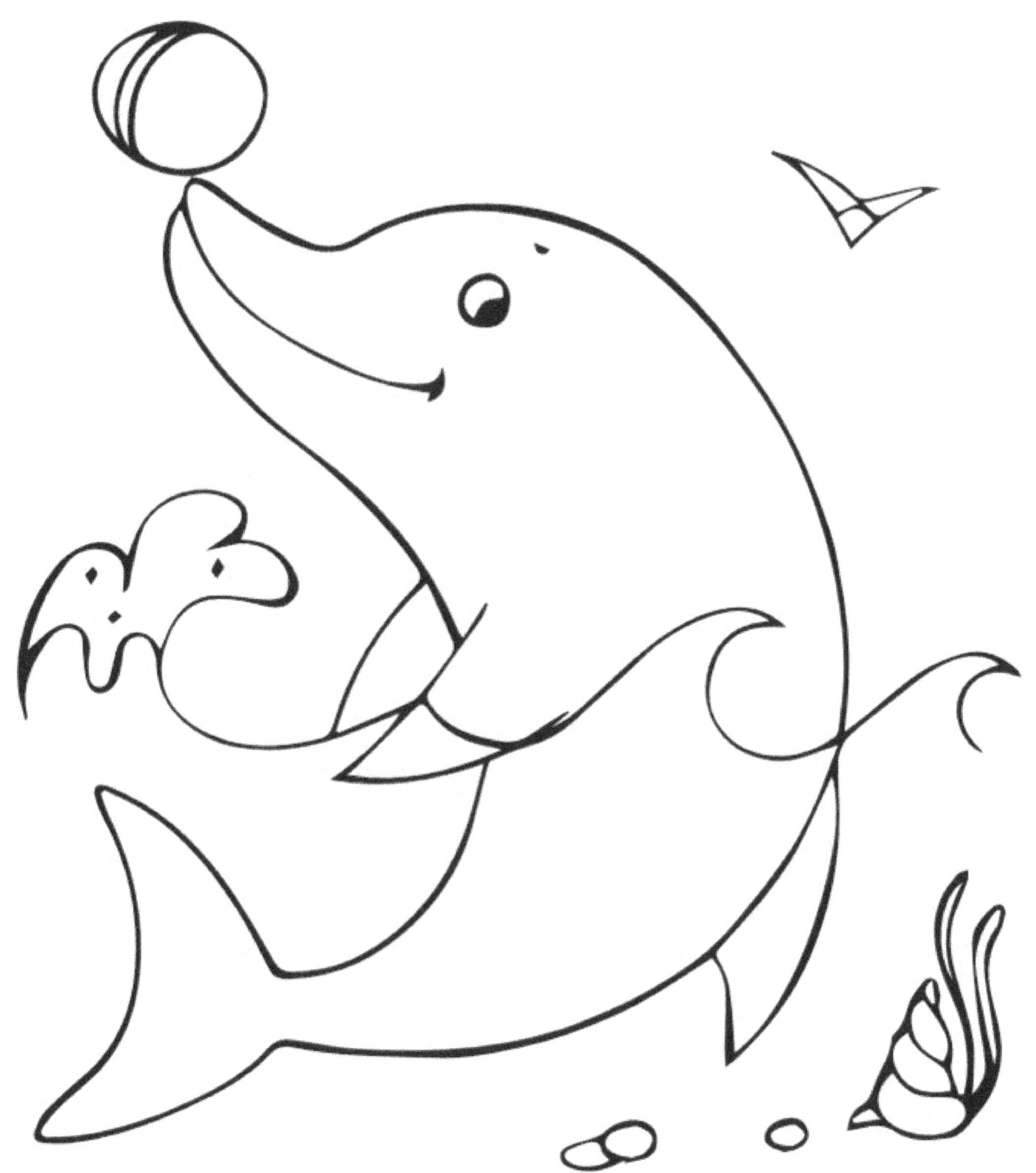

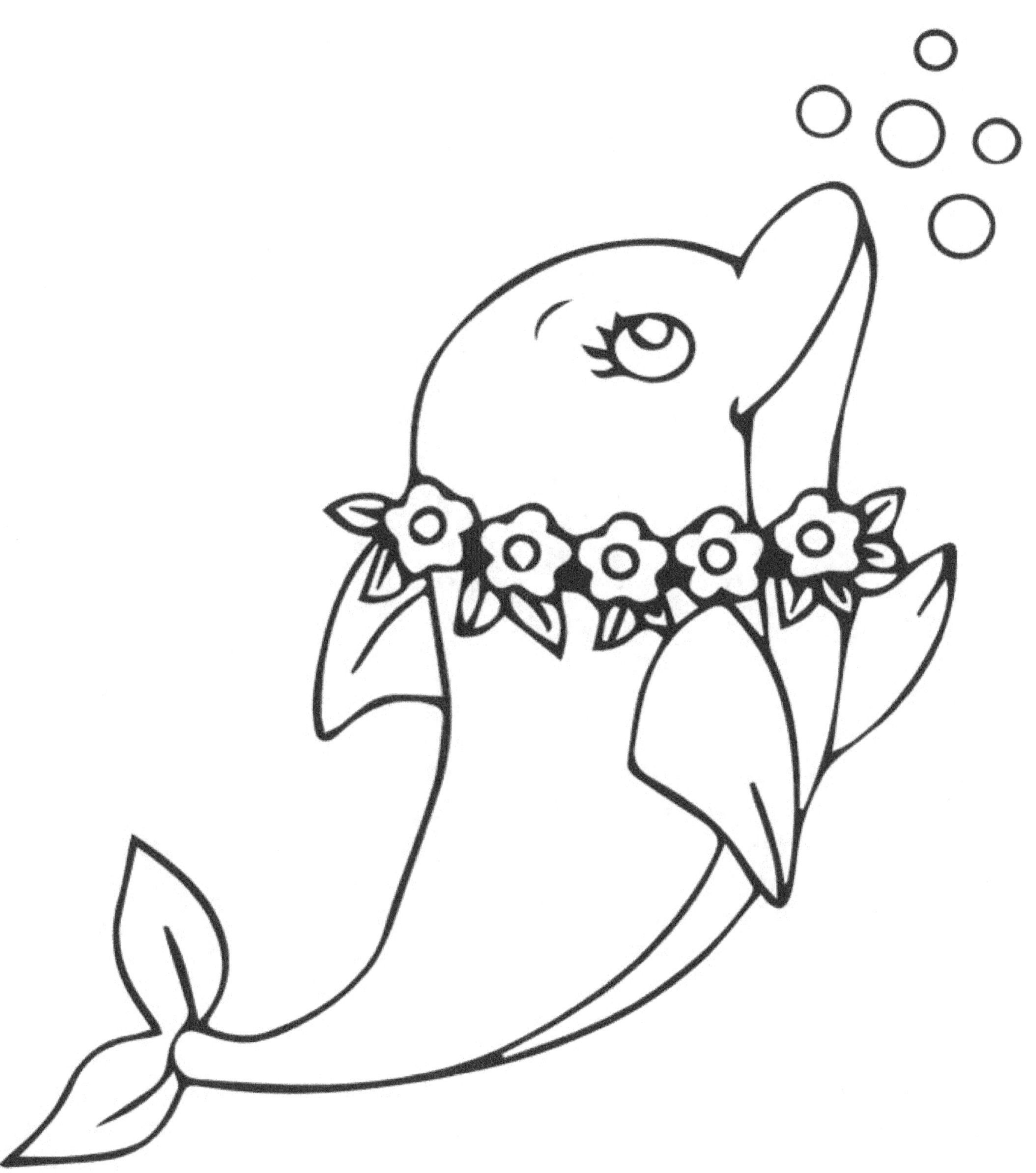

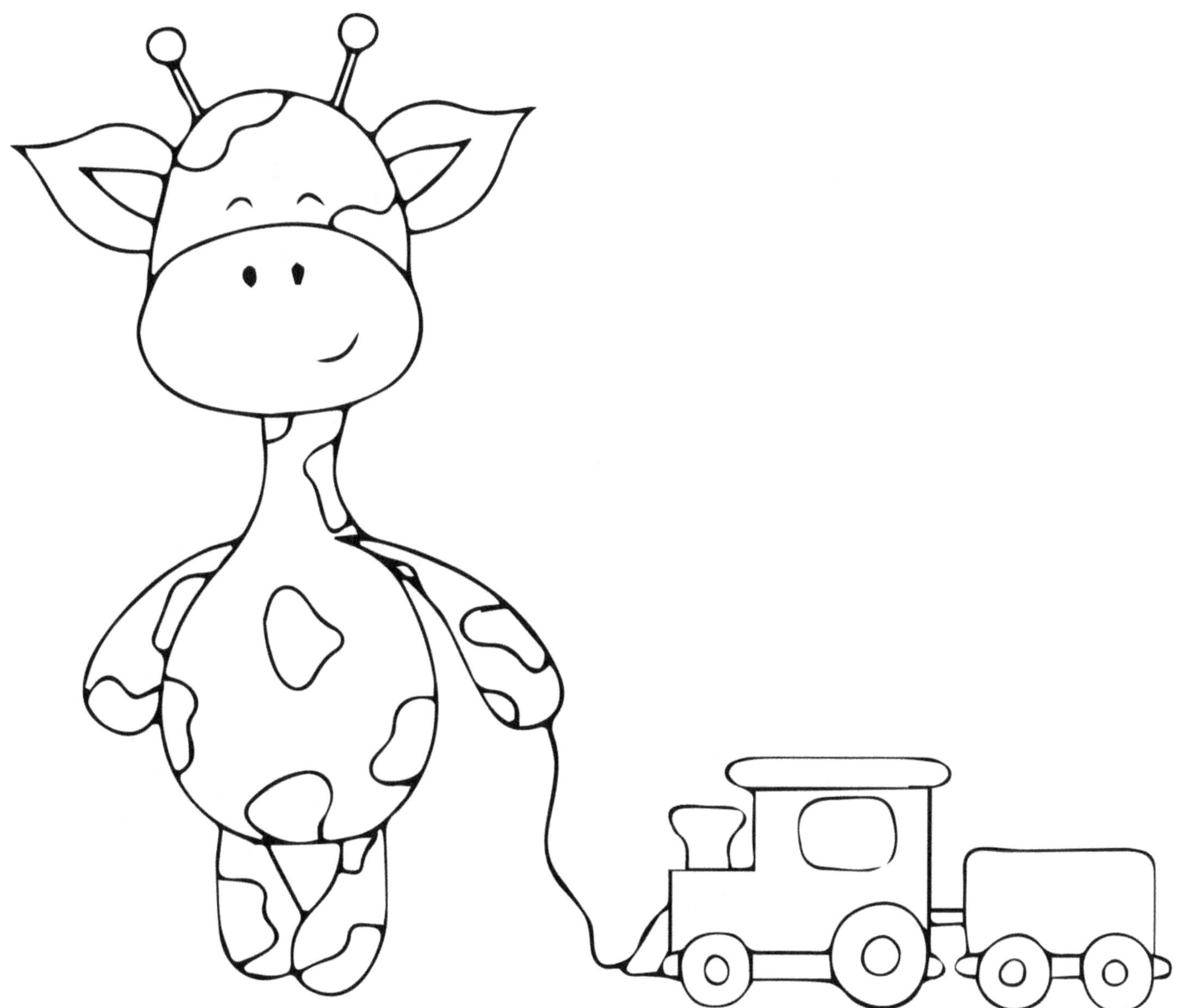

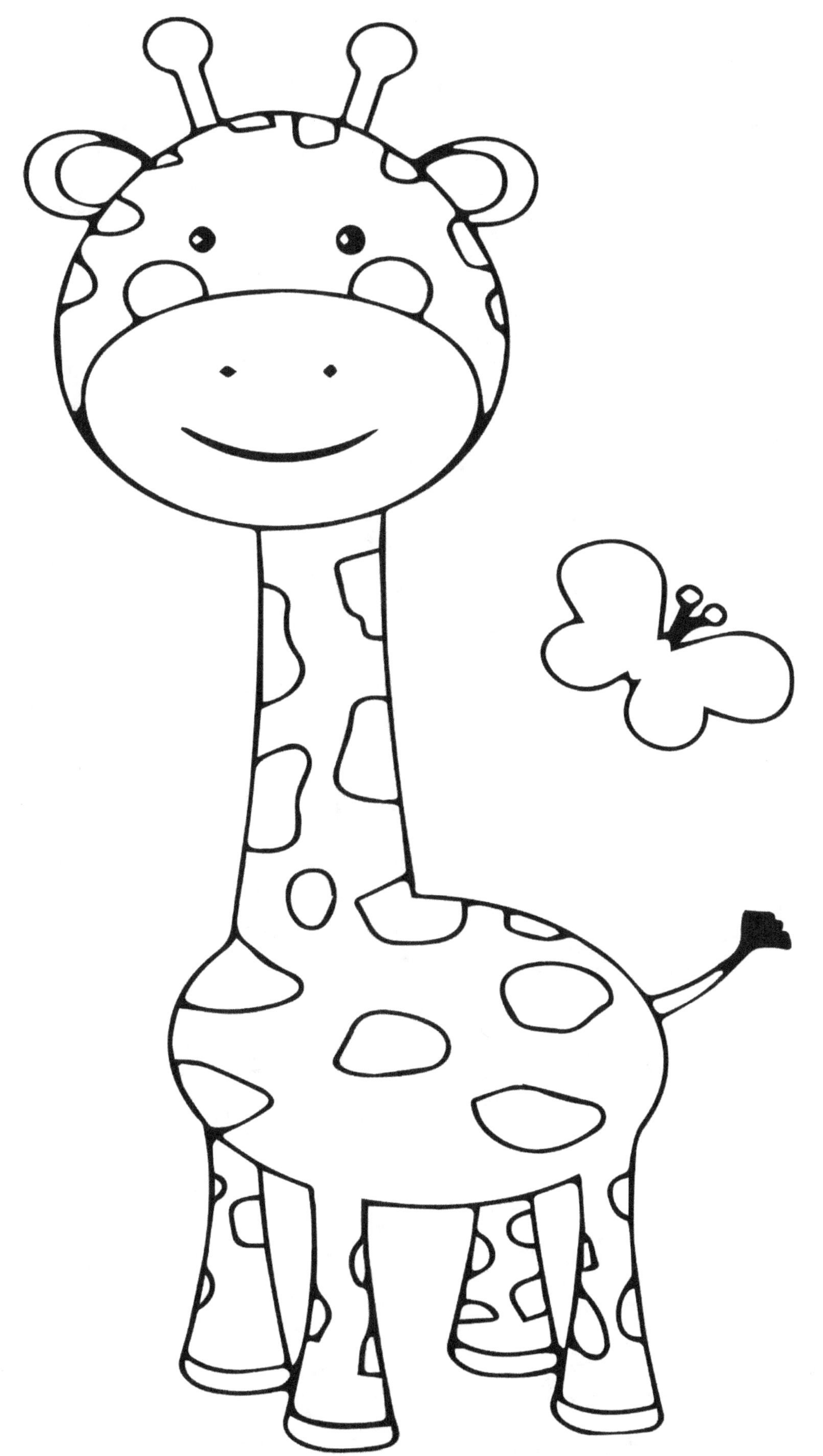

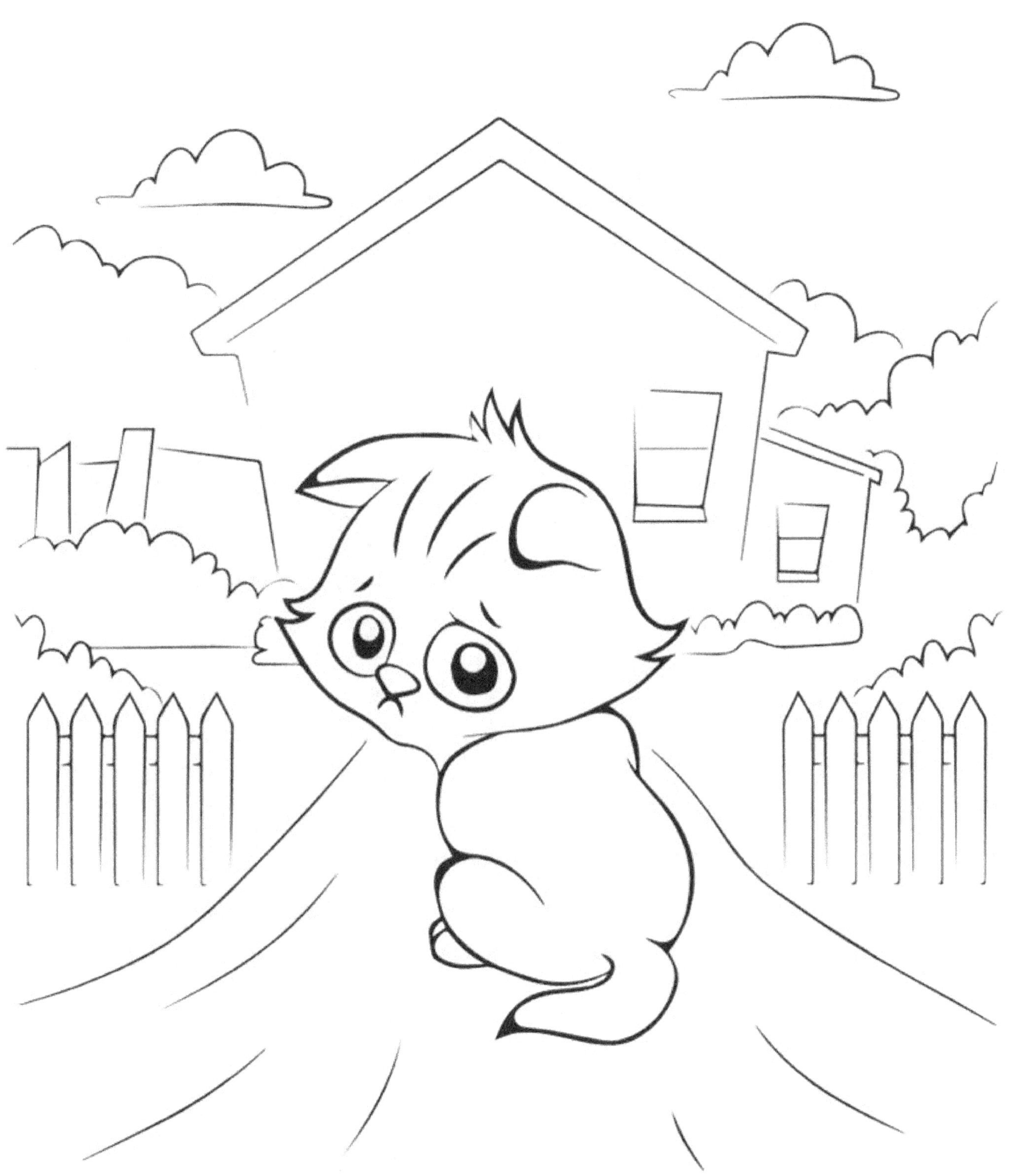

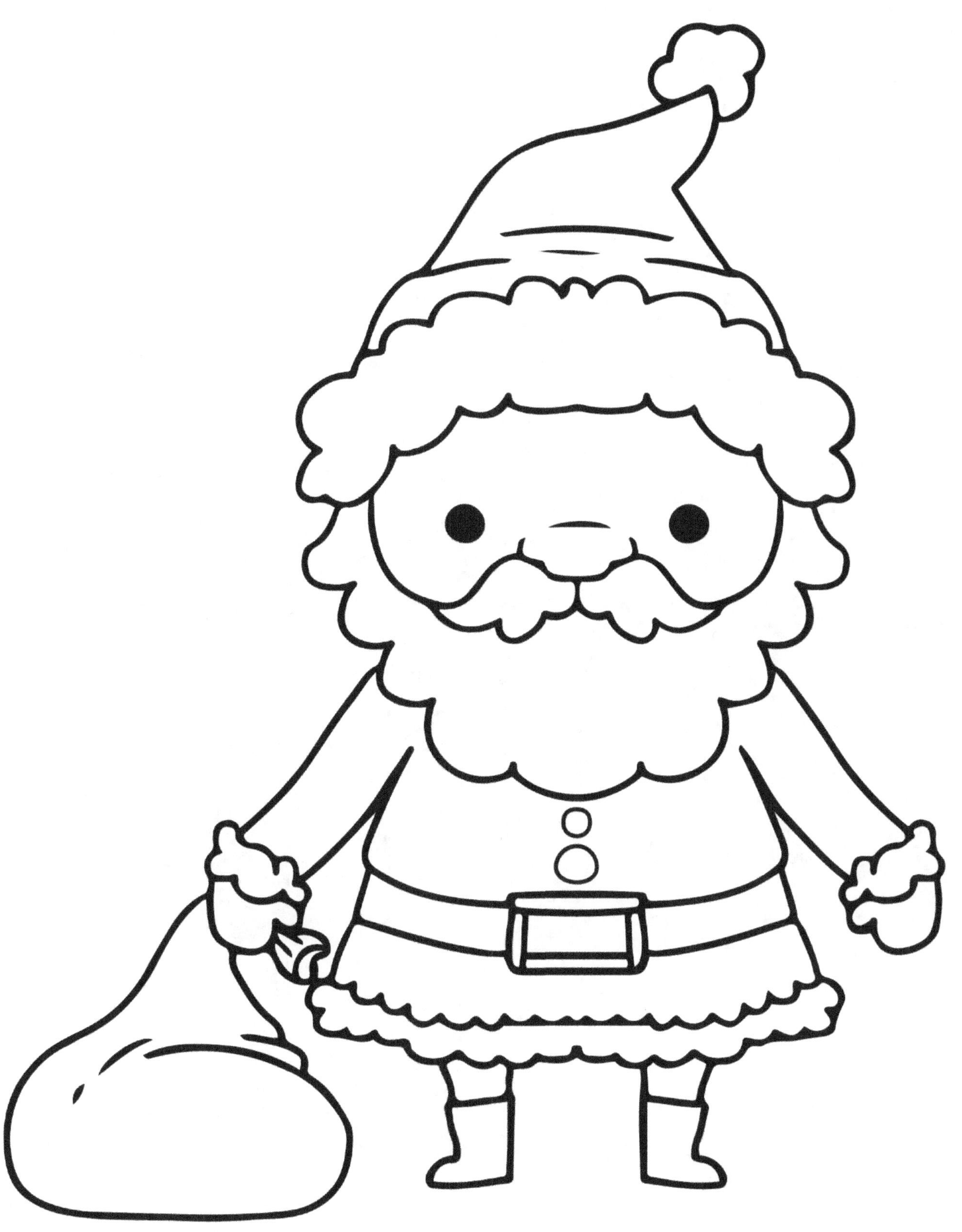

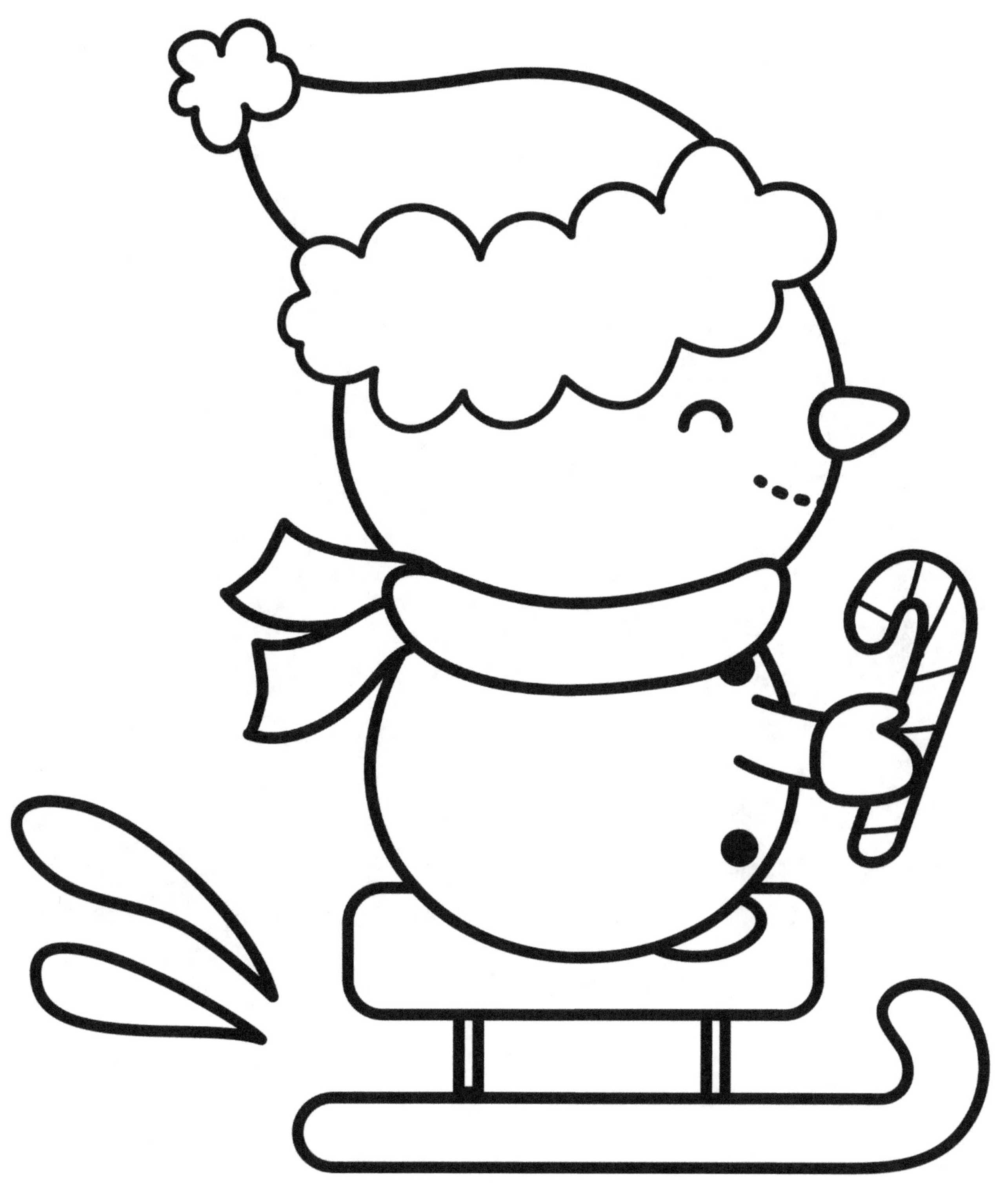

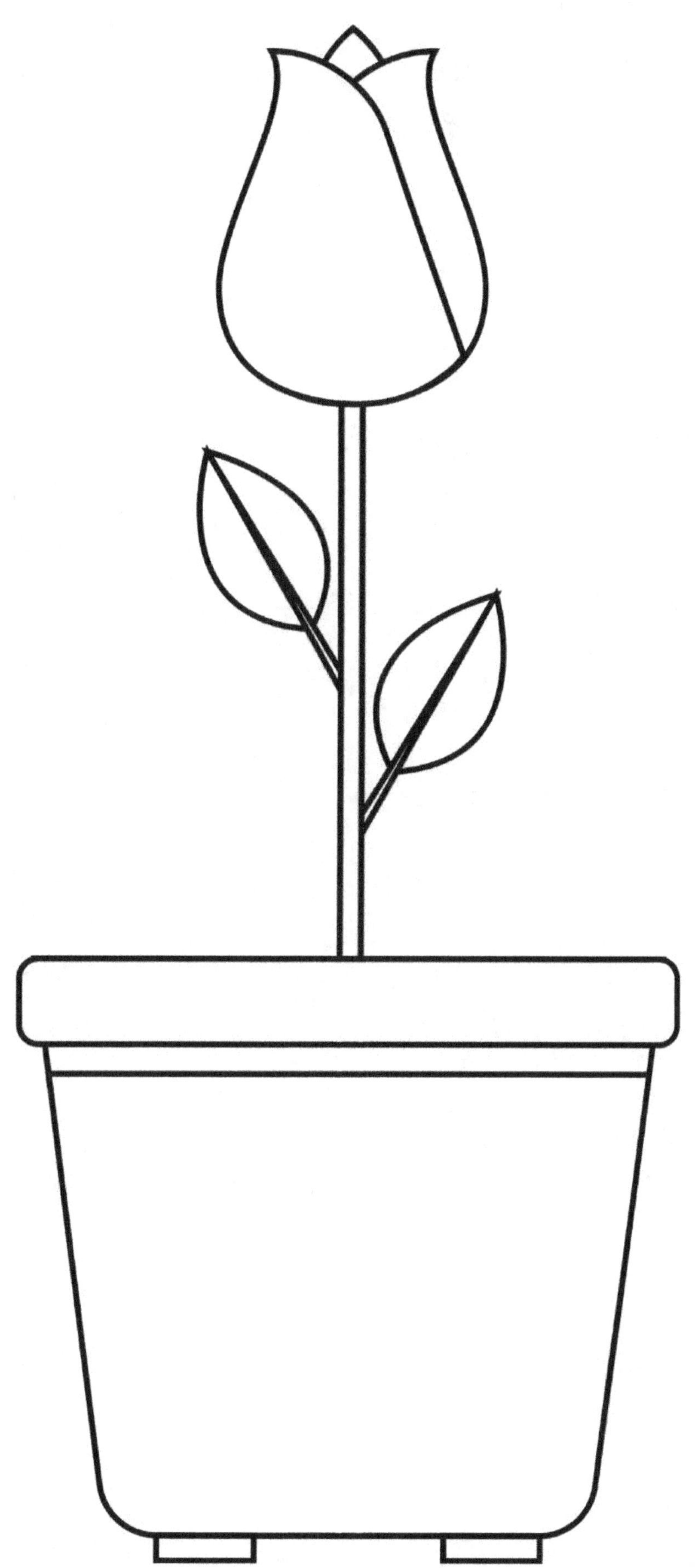

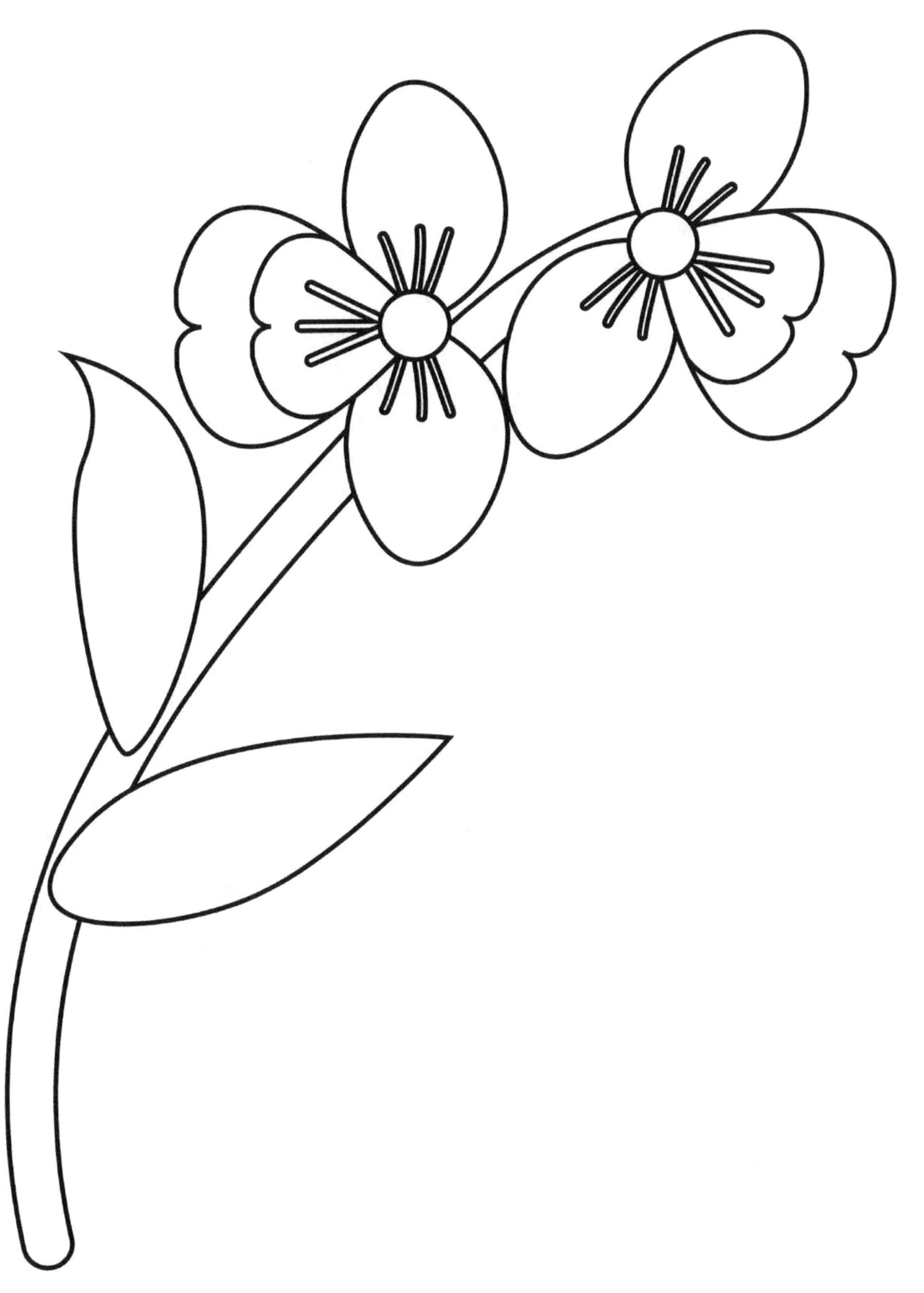

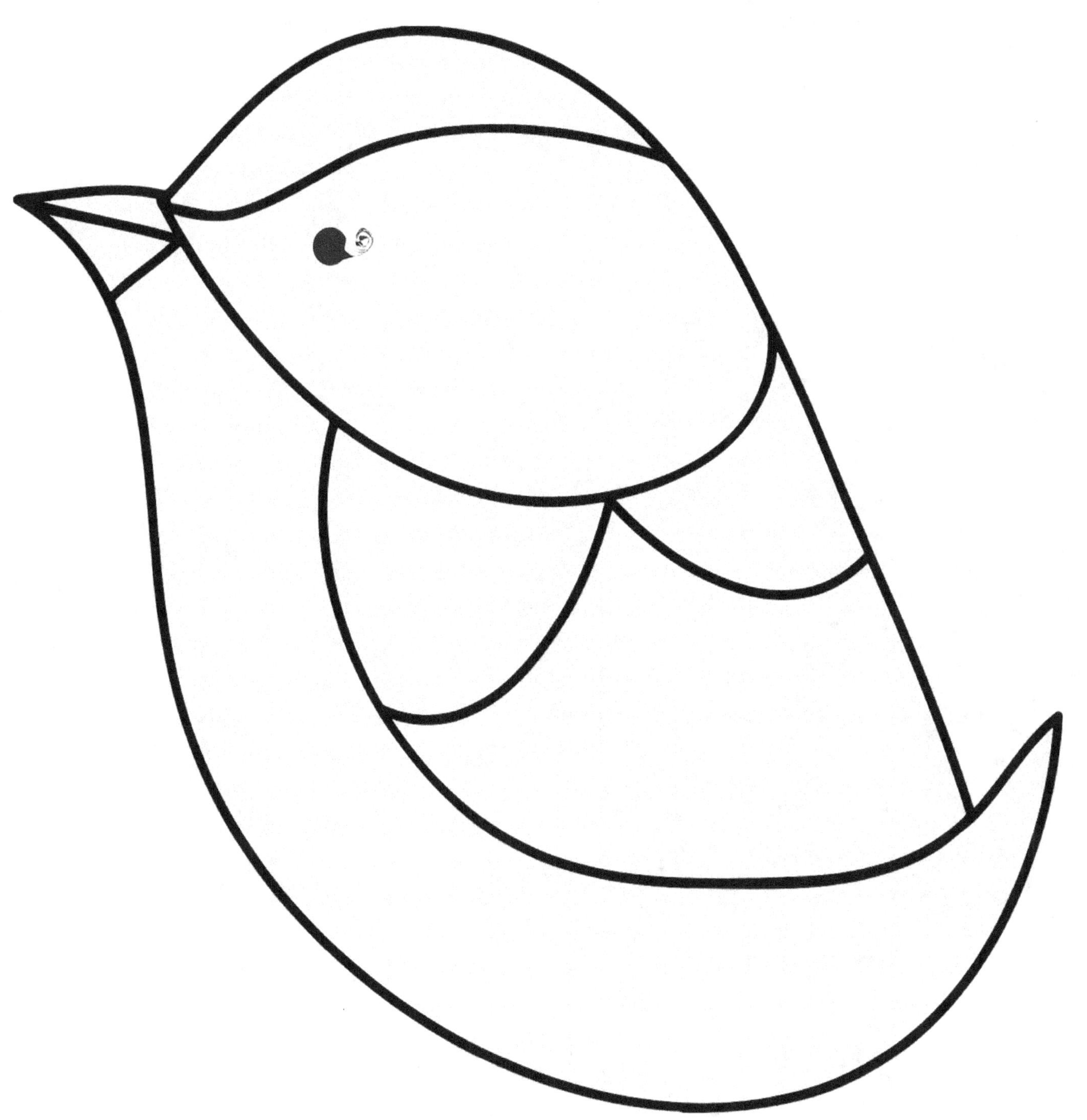

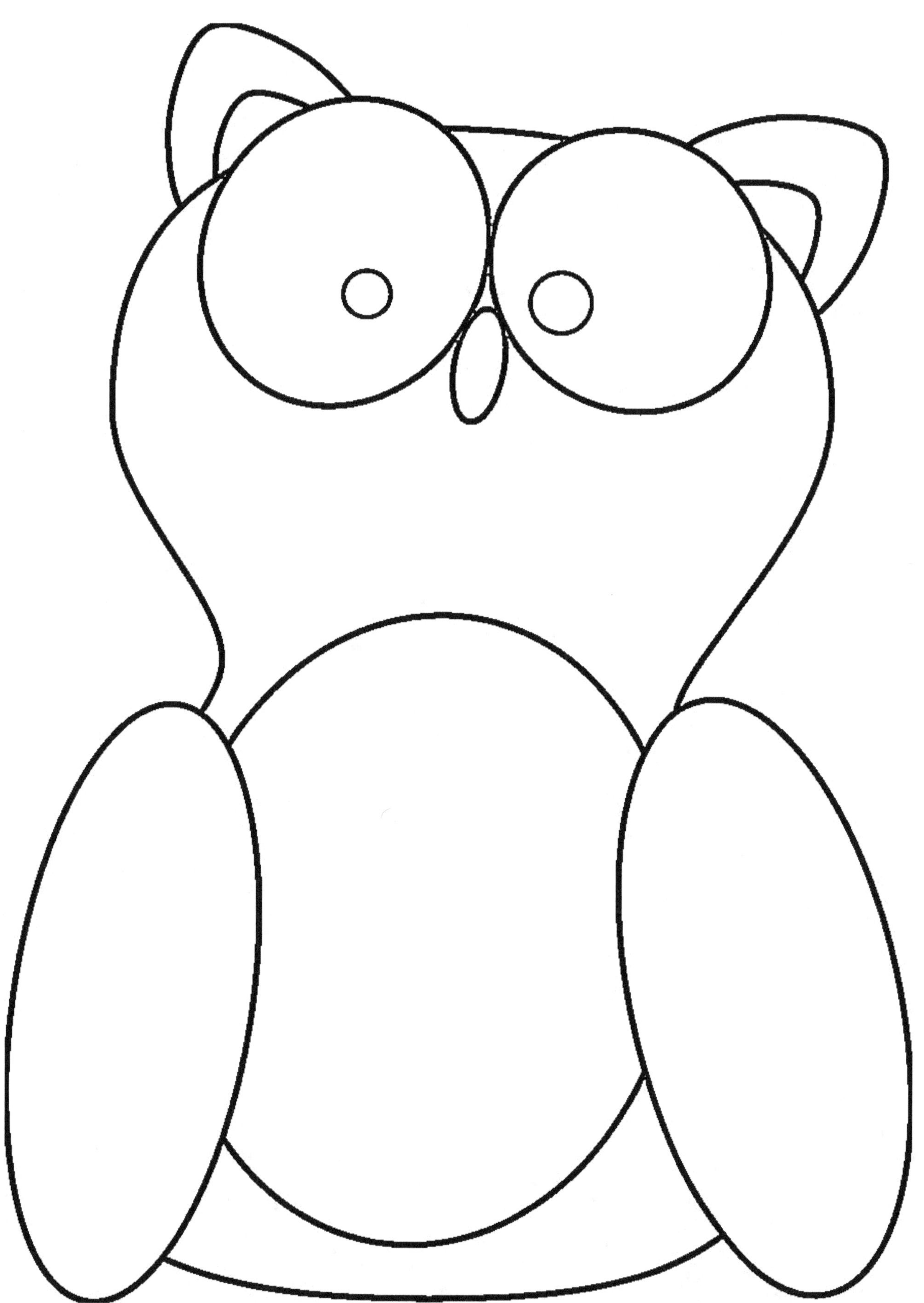

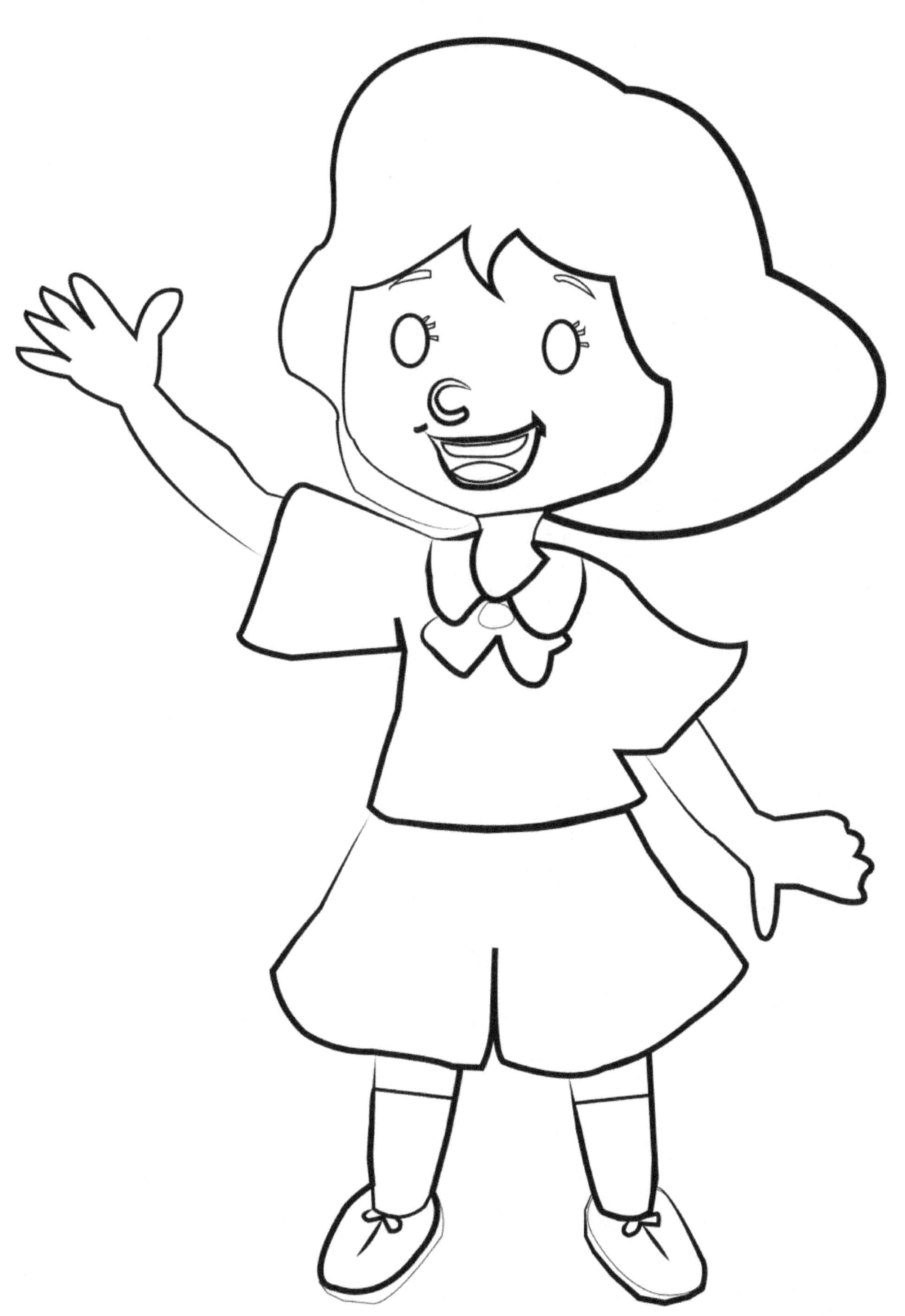

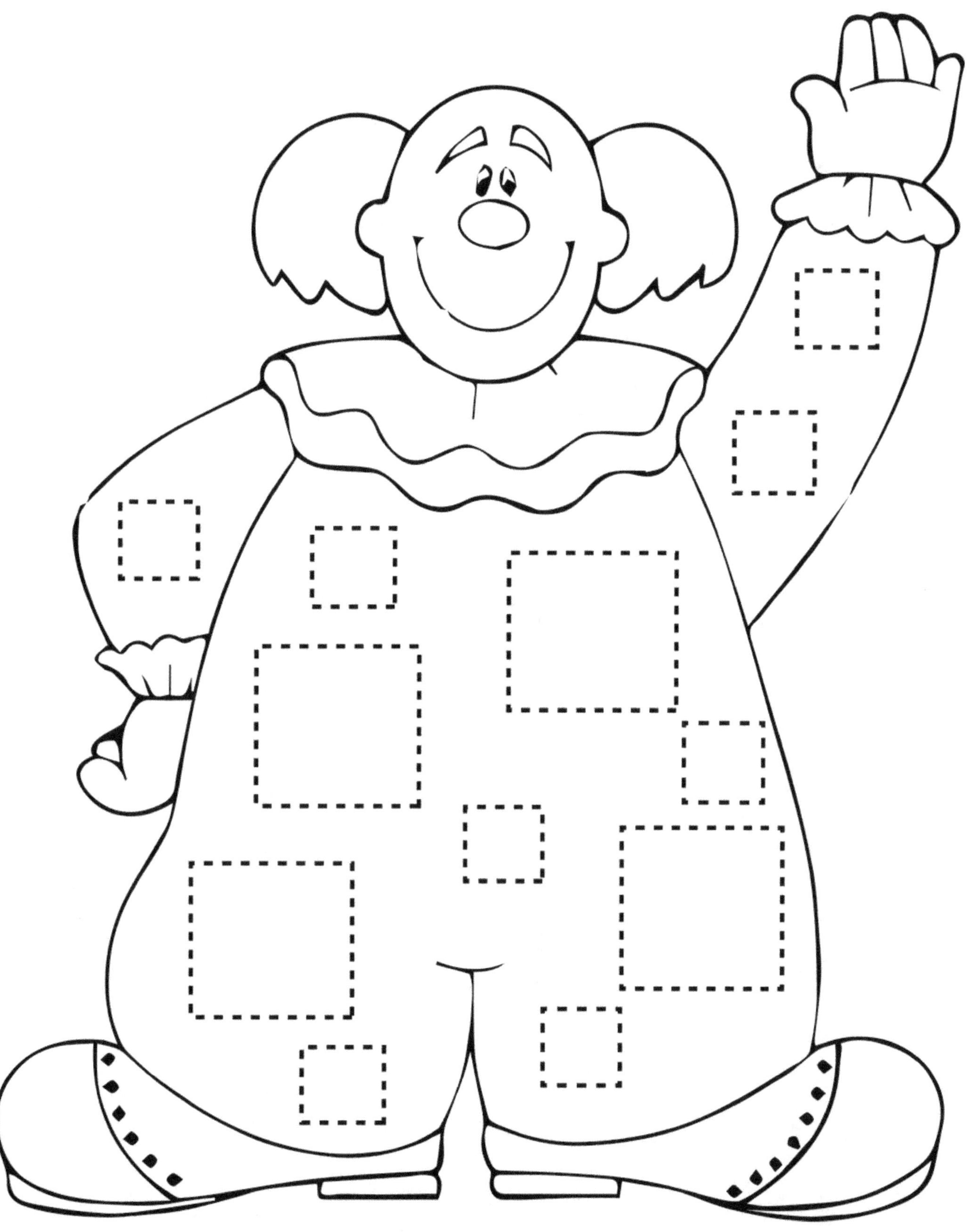

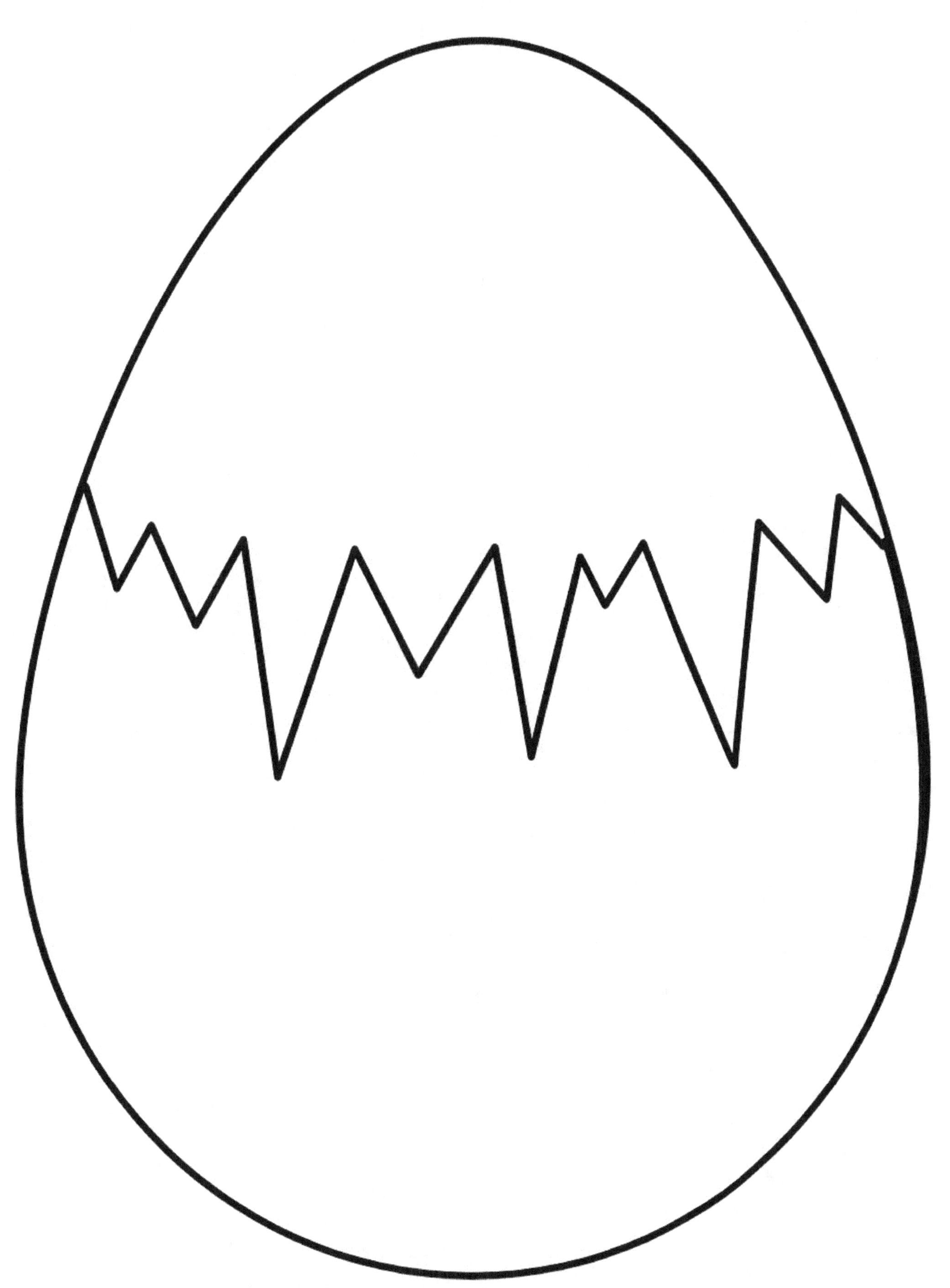

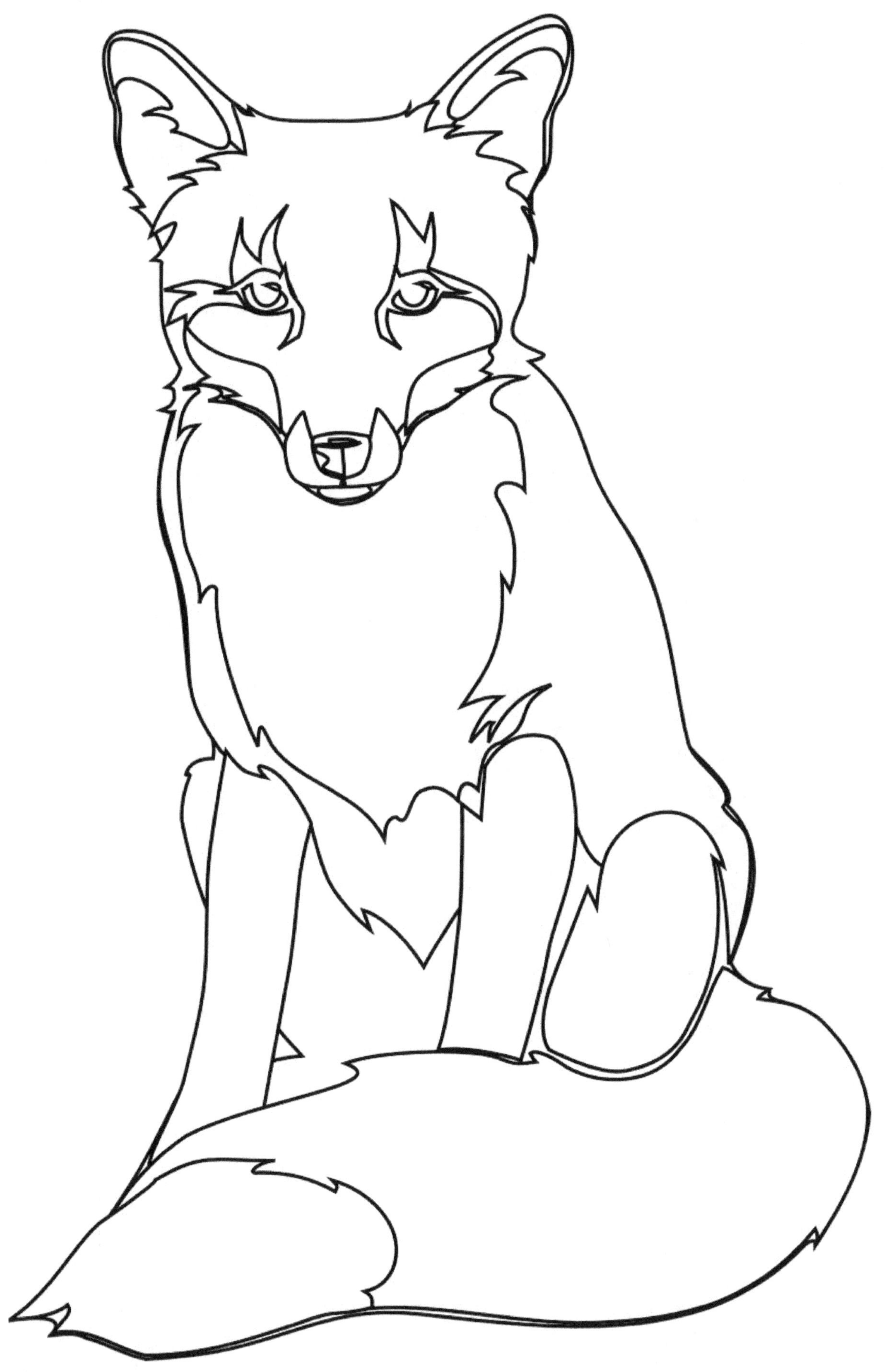

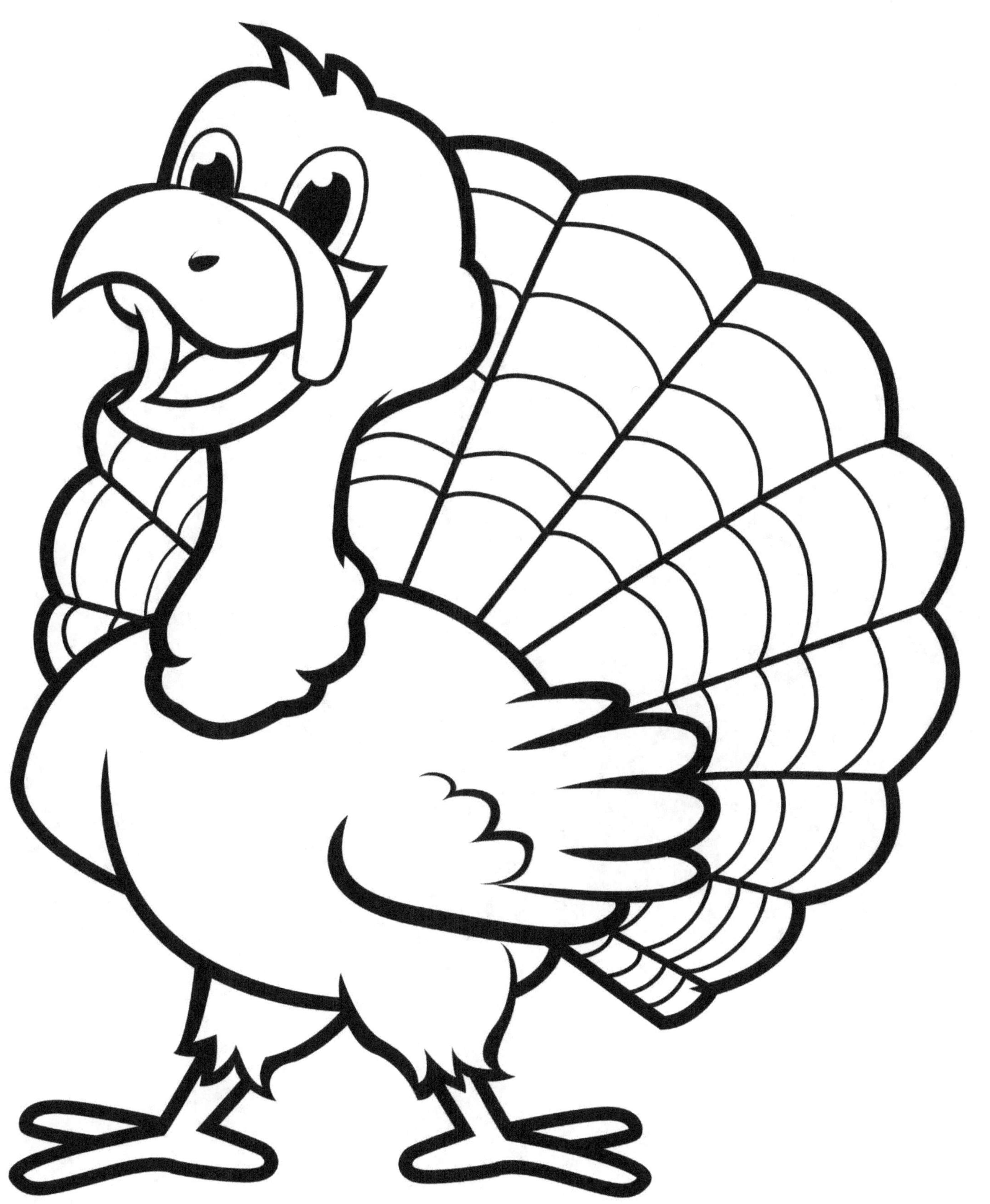

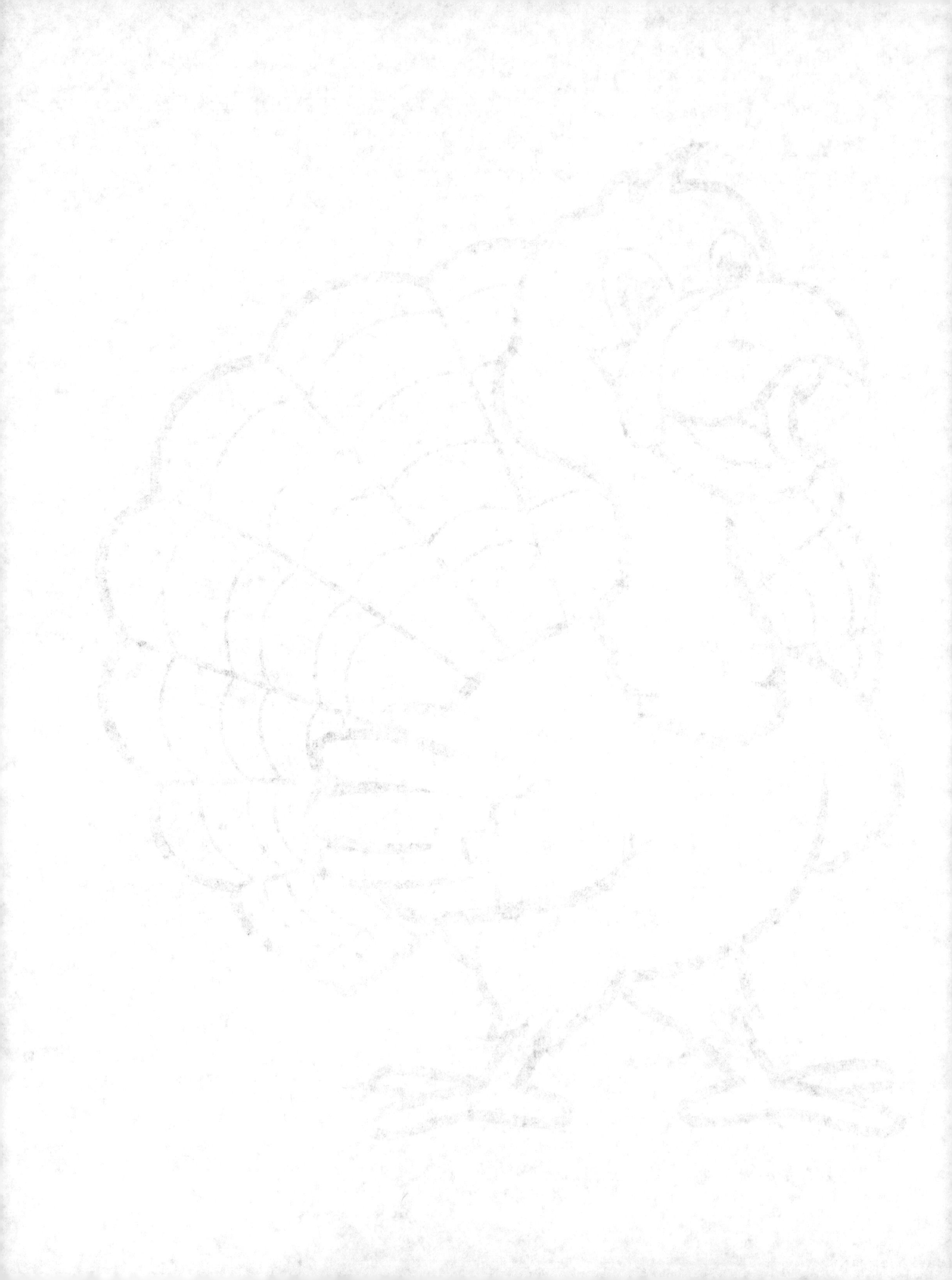

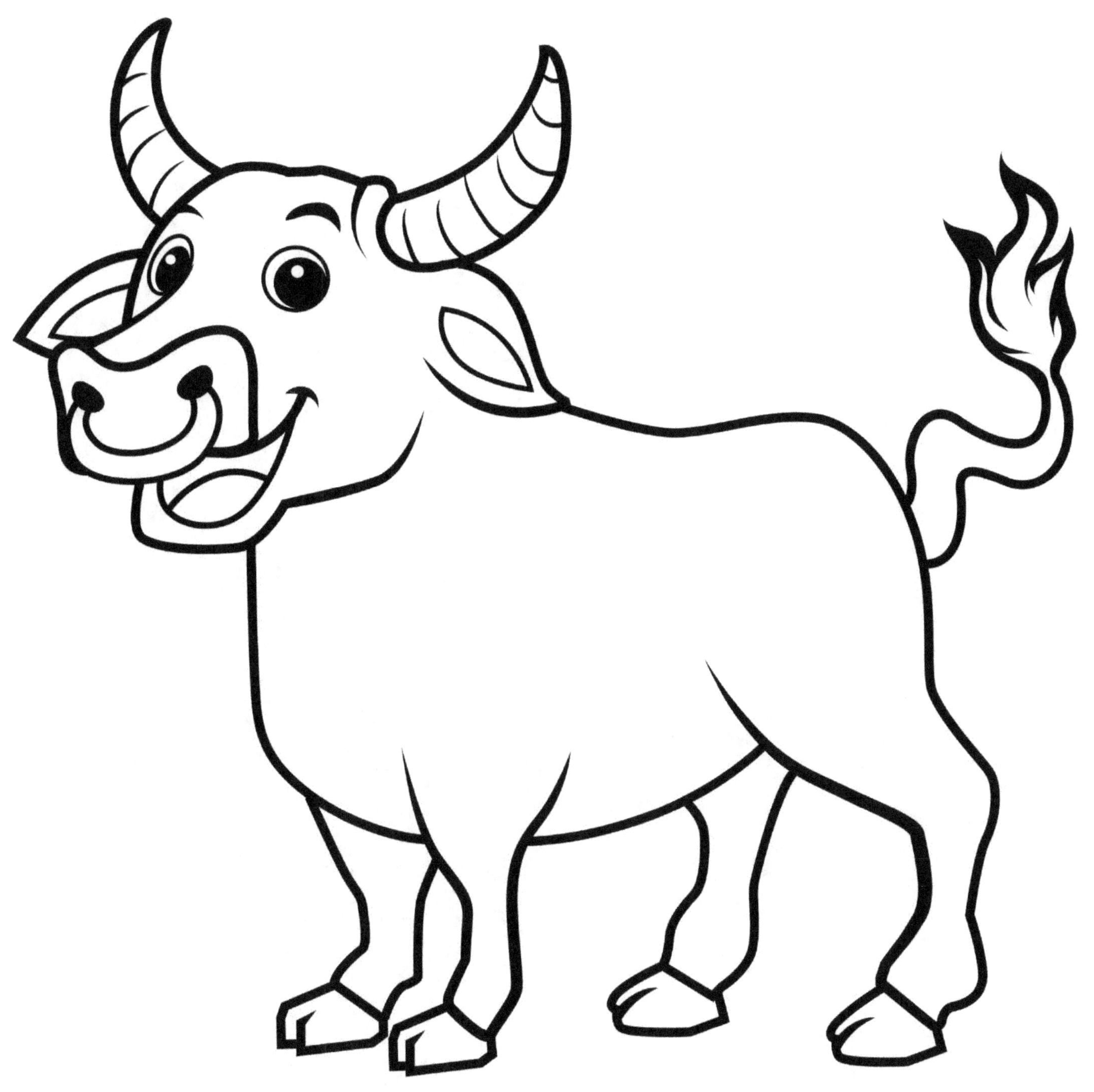

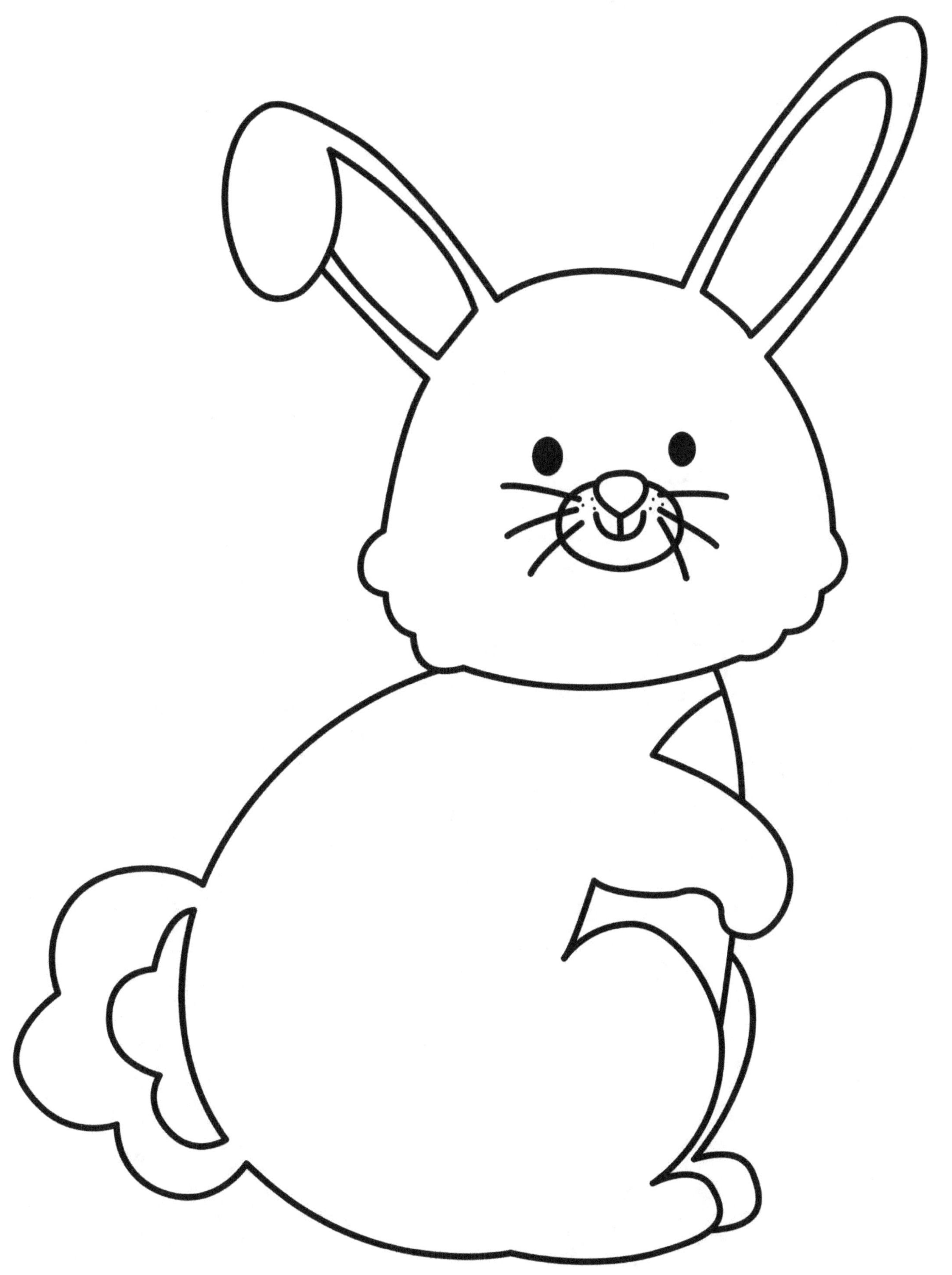

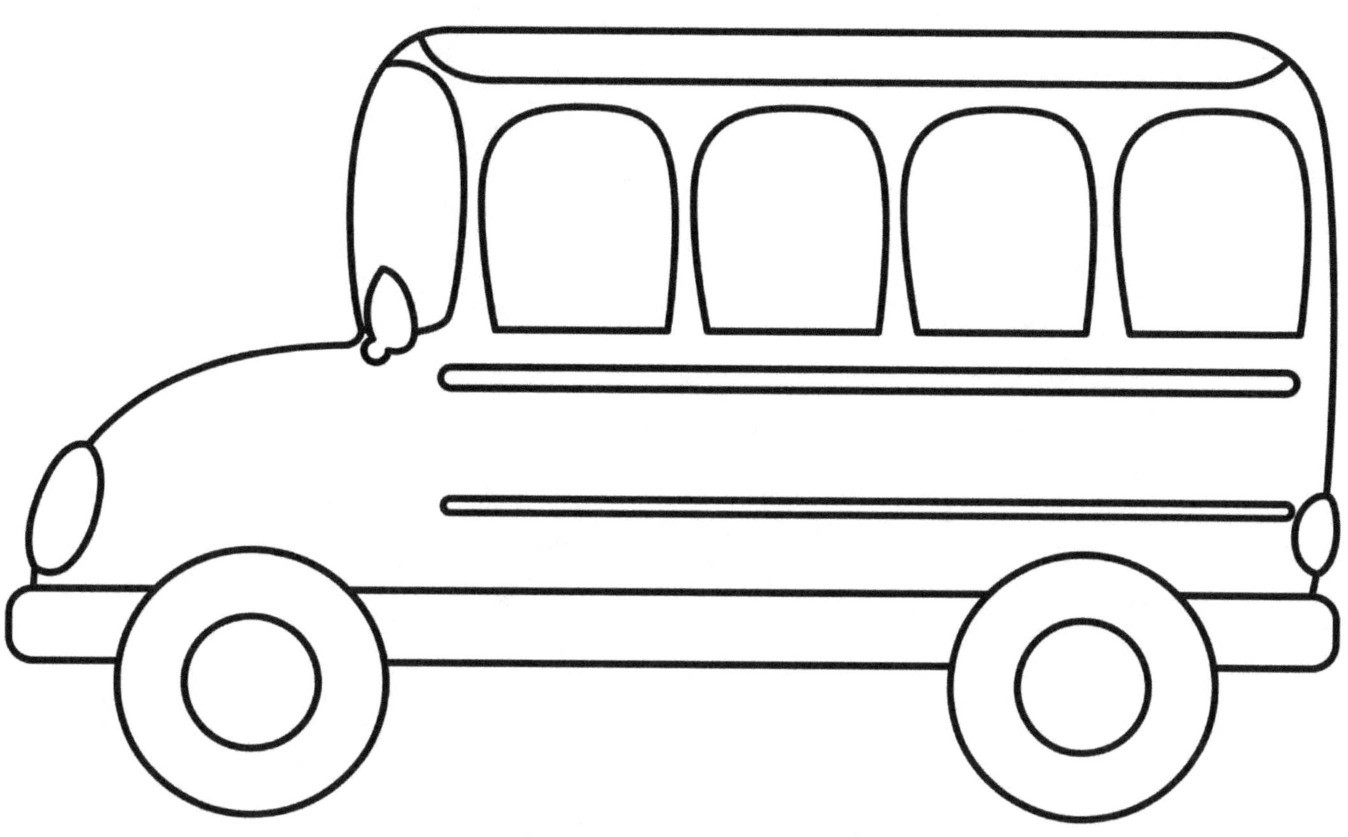

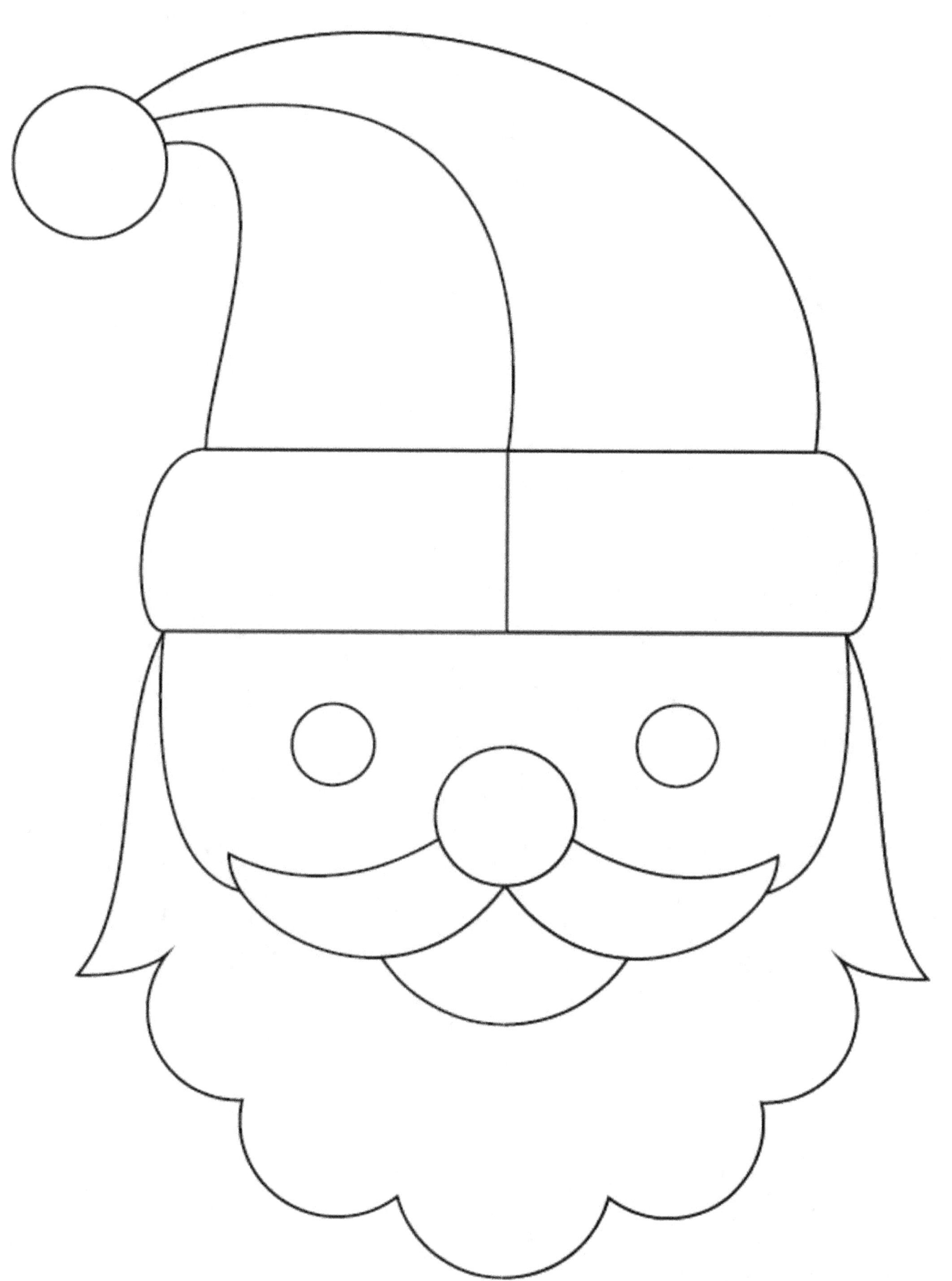